BIG
BAT

성공 확률을 극단적으로 높이는 실행력의 본질

BIG
BAT

빅 뱃
대담하게 실행하라

제니퍼 코언 지음 | 이초희 옮김

P page2

차례

3부 | 성공은 능력이 아닌 습관이다

4부 | 최고가 아니어도 원하는 것을 얻을 수 있다

나는 원하는 삶을 사는 데 필요한 것이 무엇인지 잘 안다.

누구나 배울 수 있는 습관과 누구나 개발할 수 있는 기술이 필요할 뿐

재능을 타고날 필요는 없다.

이것이 성공의 문을 여는 열쇠다.

나는 작은 도시에서 큰 꿈을 좇던 어린 시절에 이 힘을 발견했다.

내가 그 비밀을 열여섯 가지 원칙에 담아

한 단계 한 단계 가르쳐줄 것이다.

연습할 수 있도록 지도할 것이고

실패하면 다시 일어나도록 도와줄 것이다.

쓰러져서 포기하고 싶을 때도

그만두지 않도록 의욕을 불러일으킬 것이다.

실패하더라도 시도할 때마다 점점 강해지는 자신을 발견할 것이다.

더 많이 경험할수록 자신감도 더 커질 것이다.

그러다 어느 날 실력이 훌쩍 자라 있을 것이다.

지금 당장 습관을 기르기 시작하고, 훈련하고

실패하더라도 계속 나아간다면

일터와 집, 삶이 펼쳐지는 그 어느 곳에서도

원하는 것을 반드시 얻을 수 있을 거라고 약속한다.

힘들겠지만 노력할 가치가 있다.

나는 멋진 사람들, 매력적인 공간과 사물로 가득한

더 크고 더 멋지고 더 대담한 삶을 살겠다는 꿈을 좇으며

매일 이 기술을 훈련한다.

나는 이 기술이 내 슈퍼파워라고 생각한다. 자, 따라해 보자.

나는 대담하다.

나는 행동한다.

나는 내가 얻을 수 있는 것이 아닌 원하는 것을 좇는다.

나와 함께 대담해지자. 변화가 찾아올 것이다. 당신의 삶이 바뀔 것이다.

-제니퍼 코언

4번 타자는
삼진을 두려워하지 않는다

지난 몇 년간 재택근무를 할 수 있었거나 학교에 다닌 사람들은 물론, 직장을 구하지 못해 애를 먹었거나 매일 출근한 사람들 모두 전세계를 덮친 팬데믹이 우리에게 심각한 경고음을 울렸다는 점을 부인하지 못할 것이다. 경고음은 지금도 시끄럽게 울리고 있다. 세상은 완전히 변했다. 역시 옛말이 틀리지 않았다. 인생은 정말 짧다. 이제 서서히 안정을 되찾아가고 있는 지금, 무너지는 줄도 모른 채 가진 것에 안주하려는 사람이 얼마나 많은가? 또 원하는 것을 좇아가라는 작은 목소리에 귀 기울이는 사람은 과연 얼마나 되나?

이 모든 일을 겪은 지금, 왜 진정으로 원하는 것을 찾지 않고 가질 수 있는 것에 만족하는가?

스스로에게 물어보자. 인생에서 가장 원하는 것이 무엇인가? 또 원하는 것을 갖지 못한 이유는 무엇인가?

나는 여러분이 이 질문에 답하도록 돕고 원하는 것을 좇는 방법을 알려줄 것이다. 나를 잘 따라오면 결국 원하는 것을 얻을 거라고 약속한다. 만일 원하던 꿈을 이루지 못한다면? 그래도 훨씬 좋은 결과를 얻게 될 것이다. 어쩌면 있는 줄도 몰랐던 더 멋진 무언가를 찾을 수도 있다.

더 깊이 들어가기 전에 먼저 '원하다'와 '목표'가 무엇을 의미하는지부터 살펴보자. 눈부신 새 자동차를 사거나 호화 여행을 떠나는 것처럼 사치를 부리고 싶은 욕망을 이루라는 말이 아니다. 그런 걸 원한다면 이 책을 내려놓고 대신 신용카드를 챙기기 바란다. 당신의 돈을 원하는 사람은 어디든 있을 테니까. 이 책은 원하는 것을 얻는 법을 가르쳐주지만 물질이나 돈을 얻을 방법을 알려주지는 않는다. '하루아침에 부자 되기' 유의 책이 아닌 '삶을 풍요롭게' 만드는 책이기 때문이다.

내가 묻는 '원하는 목표'는 새롭고 흥미로운 경험이나 만족감을 주는 인간관계, 또는 이상적인 사람이 되는 능력처럼 손에 잡히진 않지만 삶을 살찌우는 것들을 말한다. 지금 당장 원하는 목표도 좋고 아직 발견하지 못한 목표도 좋다. 더 크고 더 멋지고 더 대담한 삶은 어떤 후회도 없는 풍부한 경험으로 가득 차 있다.

우리는 왜 가장 원하는 것을 추구하지 않을까? 바로 '괜찮은 삶'이라는 덫에 걸렸기 때문이다. 어느 시기가 되면 되는대로 선택을 하며 수동적으로 삶을 살아가고, 생활이든 직업이든 '그럭저럭 괜찮다'고 여기며 그저 그만한 상황에 익숙해진다. '괜찮아, 이 정도면 되지 뭐. 더 좋은 걸 요구한다 해도, 지금 상황을 바꾸거나 원하는 걸 얻으려고 애쓴다고 해도 될 리가 없잖아. 절대 안 될 거야. 방법이 없는걸. 다들 안 된다고 할 거야. 그러니까 지금 이 정도로도 충분해. 이 정도면 돼.'

'그럭저럭 괜찮다'는 마음가짐은 두려움과 자기 의심에서 나온다. 진정으로 원하는 걸 찾아 손을 뻗으면 실패하거나 거부당할 게 뻔하고 누군가 안 된다고 하거나 너무 어려워서 성공하지 못할 거라고 생각한다. 그러니 쉽게 얻을 수 있는 것을 선택해 목표를 놓쳤다고 실망하거나 모욕당하는 것을 피하는 편이 훨씬 간단하다. 그래서 행동하지 않는다. 하지만 기회를 잡지 않으면, 요구하지 않고 시도하지 않고 해보겠다고 마음먹지 않으면 대가가 따른다. '그럭저럭 괜찮은' 삶에 안주한다면 절대 삶이 나아지지 않을 테니까.

그럭저럭 괜찮게 살다 보면 결국 삐걱대거나 서로에게 해를 끼치는 관계만 남고 제대로 대우받지 못하는 형편없는 일을 계속하게 된다. 몸은 망가지고 영혼은 나락으로 떨어진다. 원하는 것이 있어도 움직이지 않고 불행한 삶에 만족한다.

그럭저럭 괜찮은 삶은 때려치워라. 우리에게 주어진 한 번뿐인 이 삶을 대충 산다는 건 말도 안 되는 일이다. 괜찮은 삶 대신 더 나은 삶을 추구해라. 눈앞에 있는 것 대신 더 큰 목표를 좇아라. 실패를 두려워하는 대신 대담해져라. 대담해지고 또 대담해져라.

일단 대담해지면 좋은 일들이 일어난다. 그다음에는 더 좋은 일들이 일어난다. 발목을 잡던 걸림돌이 사라지고 더 이상 실패할까 봐 두려워하지 않게 된다. 무슨 일을 시도해도 배우는 게 있고 특히 목표를 이루지 못했을 때 더 많이 배운다. 그럭저럭 괜찮다는 함정에서 빠져나오는 것은 물론이다.

홈런을 치려는 4번 타자는 삼진을 두려워하지 않는다. 대담한 사람은 원하는 것을 요구하고, 그것을 손에 넣는다.

요구하고 시도하고 바꾸고 비틀어라

나는 '안정'에서 벗어나 진정으로 원하는 것을 좇고 그것을 성취하는 기분이 어떤지 경험으로 알고 있다. 도전할 가치가 있는 경험이었지만 여러 번 시도해야 했고 그래서 여러 번 실패했고 그 과정이 끝없이 반복됐다. 나는 여전히 하루도 빠지지 않고 매일 이 과정을 반복한다. 나 역시 대담하게 원하는 목표를 좇기 전까지는 주어진 삶에 만족했고 지금도 때로는 그런 낡은 사고방식에 사로잡힌다. 하지만 내가 무심코 빠지는 이런 낡은 사고는 이미 고장 난 지 오래다.

나는 학업 성적이 낮아 힘들어하던 어린 시절부터 실패에 익숙해지는 법을 배웠다. 수업을 따라가지 못해서 특별 지도 교사에게 불려 가 나머지 공부를 할 때가 많았는데 어느 날 엄마가 선생님이 내가 "잘해야 평균"이라고 말했다고 전했다. 엄마가 내게 상처를 주려고 한 말은 아니겠지만 '잘해야 평균'이라니? 세상에. 그저 학교 공부를 잘 따라가지 못하고 공부를 잘하길 바라는 가족의 기대에 어긋나는 정도가 아니라 겨우 평균이라니. 그것도 잘해야……

다른 건 다 괜찮은데…… 평균? 나한테는 '평균'이라는 말이

'그럭저럭 괜찮다'는 말로 들렸고 그럭저럭 괜찮은 것이 괜찮지 않았다. 그렇게 어린 나이에 선생님에게 지능이 낮다는 인정사정없는 평가를 받은 뒤(알고 보니 학교 공부에 한해서였지만) 나는 정신을 바짝 차렸다. 그때부터 투지와 결단력을 발휘해 별 볼 일 없던 성적을 만회했다.

전 과목 A는 고사하고 주로 B 아니면 심할 때는 C도 받던 터라 다른 분야의 기술을 연마해야 했다. 그렇게 나는 어린 나이에 내가 잘하는 것을 발견했다. 바로 시도하고 인내하고 실패를 편안하게 받아들인 뒤 두려움 없이 다시 처음으로 돌아가서 시작하는 것이다. 내가 일찌감치 발견한 교훈은 이것이다. 뭔가를 원한다면, 특히 그 뭔가가 주변 사람들에게는 너무 쉬운 일처럼 보인다면 그것을 요청해야 한다. 안 된다고 하면 '다시' 요청해야 한다. 그래도 안 되면 다시, 또다시…… 내 뜻이 이루어질 때까지. 그래서 어떻게 됐을까? 나는 요청을 정말 잘하게 됐다! 묻고 거절당해도 다시 묻는 것이 대담함의 기초다.

나는 열두 살 때 직접 돈을 벌고 싶었다(베이비시터는 하고 싶지 않았다). 그래서 집 근처 '올리브 가든'이라는 식당에 가서 안내원을 시켜달라고 했다. 매니저는 웃으면서 그 일을 하기엔 내가 너무 어리고, 주세법 때문에 술을 내놓는 식당엔 들어갈 수도 없다고 했다. 나는 식당 '밖에서' 손님을 맞이하고 문을 열어주는 일을 시켜달라고 했다. "안 돼, 그건 아이들이 할 일이 아니야!" 매니저는 단호했다.

하지만 포기하지 않았다. 다음 날 학교가 끝난 뒤에 다시 가서 생각 좀 해봤냐고 물었다. "아니." 다음 날 또 찾아갔다. "안돼." 다음 날도 찾아가자 매니저가 드디어 두 손 들고 나를 '올리버 가든 안내원'으로 고용했다. 나는 주세법 때문에 식당 문을 열고 들어갈 수는 없었지만 문을 붙잡고 식당 주인이라도 되는 양 밝은 미소로 손님들을 맞았다. 당연히 베이비시터보다 돈을 더 많이 벌 수 있었다.

몇 년 후 고등학교에서 진로 기술 평가 시험을 봤다. 내 점수로는 잘해야 삼림 감시원이 될 수 있다는 결과가 나왔다. 삼림 감시원이 기술과 지능이 없어도 되는 일이라는 뜻은 아니지만 내가 자란 캐나다에서 그 일은 성적이 아주 좋지 않아도 할 수 있는 일이었다. 세상은 여전히 나에게 희망을 버리라고 호통치고 있었다. 그래도 나는 희망을 잃지 않았다! 사람들이 뭐라고 생각하건 상관하지 않고 늘 앞으로 나아갈 계획을 세웠다. 엄마는 내가 "늘 도토리를 찾아다니는 다람쥐" 같다고 하셨다. 나는 언제나 더 좋은 것, 더 큰 것을 추구했다. 사는 내내 도토리를 찾아다녔다.

내가 "잘해야 평균"이라고 말한 교사와 마찬가지로 이 엉터리 평가 역시 내 인생의 또 다른 전환점이 되었다. 어쩌면 가장 중요한 전환점이 되었는지도 모르겠다. 당시 나는 돈을 쓰고 싶어 안달이 난 꼬마가 아니라 어엿한 청소년이 되어 있었다. 대학과 '진짜 세상'이 곧 펼쳐진다는 걸 알았다. 그리고 시험을 치르고 결과를 받아보았을 때 나는 세상이 내게 던져주는 삶(또는 진로 기술 평가 설계자들이 계획한 삶)에 안주할 필요가 없다는 걸 드디어 깨달았다. 성적이 뛰어나진 않을지 몰라도 나에겐 결단력과 인내심이 있었다. 아직 어린 나이라 확실한 꿈을 품은 건 아니었지만 내 안에는 더 크고 더 멋지고 더 대담한 삶을 살겠다는 열망이 있었다.

점점 다른 것들도 알아가면서 '평균'이라는 딱지가 과연 그렇게 나쁜지에 대해서도 다시 생각해 보게 됐다. '잘해봐야 평균'이라는 평가는 내 재산이 될 수도 있었다. 평범함은 오히려 나에게 도움이 될 수 있었다.

나는 고등학교를 졸업하고 나서 심리학 학사 학위를 받았고 스포츠 경영학 석사 학위도 받았다. 물론 다른 학생들보다 더 노력해야 했지만 이때는 이미 몇 년 동안 연습을 해둔 뒤였다!

이후 전미 농구 협회, 주요 음반사 몇 군데, 미디어 트레이닝 기업 등 여러 기업에서 일했고 마침내 피트니스 업계에서 내 자리를 찾았다. 그 뒤로도 베스트셀러를 쓰고 체중 관리 앱을 만들고 셀럽들이 사랑하는 피트니스 운동화를 만들고 음악과 영화계 스타들뿐 아니라 세계적으로 유명한 운동선수들과도 함께 일했다.

나는 트레이너로 일하며 직접 트레이닝한 유명인들부터 내 신발을 신거나 내 DVD를 보고 운동하거나 내 책을 읽은 사람들까지 모든 고객이 성장할 수 있게 도왔다. 목표는 언제나 하나였다. 신체 능력을 키우는 것만이 아닌 정신적인 능력까지 강화하는 것. 이제 나는 당신을 도울 것이다.

나는 사람들이 달성할 수 있는 목표를 정하고 의욕을 키워 좋은 습관, 건강한 생활, 헛되지 않은 노력을 통해 더 강하게 성장하고 목표를 이루게 돕는 일에서 즐거움과 성취감을 찾았다. 하지만 내가 나누는 가르침은 신체 단련에만 한정되지 않는다. 나는 두뇌도 훈련시킨다. 내 고객들은 새롭게 얻은 신체적, 정신적 힘을 세상에 펼친다. 그들은 그렇게 대담해진다.

나는 '습관과 노력(Habits & Hustle)'이라는 주간 팟캐스트를 운영하며 기업가나 베스트셀러 작가, 그리고 혁신적인 리더 역할을 하는 다양한 분야의 선구자들을 초대한다. 이 프로를 진행하면서 집착에 가까운 호기심을 가지고 유명인들이 어떻게 목표를 설정하고 이루는지, 어떻게 원하는 것을 얻고 성공하고 행복을 찾는지 관찰했다.

한 가지만은 확실하다. 모두 인생의 어느 시점에는 거절과 실패를 경험했지만 대담한 행동을 반복했다. 이들은 계속해서 요구하고 시도하고 바꾸고 비틀어 원하는 것을 얻거나 다른 기회를 찾아냈다. 때로는 전에는 존재하는지조차 몰랐던 더 나은 기회를 찾아내기도 했다. 나 역시 그렇게 살아왔고 여러분도 그렇게 할 수 있다. (내가 최상위 순위에 오른 팟캐스트를 진행하게 된 이야기 역시 실패와 대담한 행동으로 가득 차 있다. TV 프로그램이 될 뻔했다가 팟캐스트 방송이 됐는데, 이 이야기는 나중에 하겠다.)

내가 잃을 건 하나도 없다는 마음가짐

실패를 껴안아 앞으로 나아가는 동력으로 삼는 것 외에 스스로에게 판도를 바꿀 질문을 던지는 것도 도움이 된다. 나 역시 매니토바 주의 하품 나오는 도시 위니펙에서 자라던 10대 시절, 꿈에 그리던 직업을 갖겠다고 마음먹으면서 이 질문을 나에게 던졌다. 나는 캐나다판 MTV의 VJ, 즉 '비디오자키'가 되고 싶었다. 마침 음악 방송 프로듀서들이 지역 인재를 발굴하고 있었다. 하지만 오디션을 보려면 필수 준비물이 하나 있었으니, 바로 카메라 앞에서 노련한 프로처럼 사람들을 인터뷰하는 모습을 담은 데모 테이프였다. 흠, 당시 나는 어린 나이에도 자신감, 당돌함, 근성이 넘치도록 충분했으나 데모 테이프는 만들 줄 몰랐다!

인생 최대의 꿈을 이루겠다고 마음은 먹었지만 시도하기는 조금 무서웠다. 끈질긴 성격이라고는 해도 나는 어설픈 소도시 꼬마일 뿐이었으니까. 하지만 이때쯤에는 실패를 어느 정도 편하게 받아들이고 있었다. 연습을 많이 하기도 했고 문이 닫히면 대신 창문을 찾아보면 좋다는 것도 알고 있었기 때문이다. 그러다 어느 날 딱 알맞게 깨진 창문이 나타났다.

나는 끝내주는 데모 테이프를 만들 계획을 세웠다. 가정용 비디오카메라, 자신의 쇼에서 유명인을 인터뷰하는 척하는 나, 우연히 우리 마을을 방문하게 된 할리우드 유명 스타를 섭외할 수 있는 내 능력이 합쳐진 계획이었다. 계획을 실행에 옮길 때가 되자 망치면 어떡하나 싶어 겁이 났다.

주저하고 고민하며 계획이 틀어질 모든 이유를 생각했다. 그러다 이 질문을 스스로에게 던지자 상황이 완전히 뒤집혔다. '최악의 상황은 무엇일까?' 생각해 보니 잃을 건 하나도 없고 얻을 것만 있었다. 내가 지금 살고 있는 이 놀라운 삶이 바로 그것이다. 키아누 리브스를 만난 순간은 나중에 다시 이야기하겠다(그렇다, 바로 그 키아누 얘기다).

몇 년 전 TEDx(미국 비영리재단에서 다양한 분야의 연사를 초대해 펼치는 강연회 TED의 지역 행사—옮긴이)에서 대담함을 주제로 강연해 달라는 연락을 받았을 때 나는 새로운 형식의 강연인 데다가 녹화 영상이 온라인으로 퍼져나간다는 사실에 조금 긴장했다. 카메라 앞에서 더듬거리는 바보 같은 모습이 영원히 박제되어 두고두고 떠돌아다니면 어쩌지? 저질 밈의 주인공이 되면? 하지만 가장 중요한 질문, '제니퍼, 최악의 상황은 무엇일까?'를 스스로에게 던지자 대담함을 주제로 내 경험과 교훈을 전달한다고 해서 내가 잃을 것은 하나도 없다는 걸 깨달았다. 결국 이 영상은 유튜브에서 수백만 회의 조회수를 기록했고 많은 사람에게 도움이 됐다.

나는 TEDx 강연에서 대담함이 삶을 변화시키는 힘이라는 주제로 왜 지능이 아닌 대담함이 가장 강력한 성공 지표라고 생각하는지 이야기했다. 똑똑한 사람들은 잘하는 게 많지만 안타깝게도 이들의 재능에는 어떤 일이나 사람이 실패할 모든 방법을 과도하게 생각하는 '능력'도 포함되어 있다. 반대로 대담한 사람들은 일이 제대로 될 때 일어날 좋은 일을 모두 생각한다. 똑똑한 사람들이 대담해질 수 없거나 대담한 사람들이 똑똑하지 않다는 말이 아니다. 하지만 원하는 것을 손에 넣어야 할 때는 두뇌, 인맥, 돈보다는 대담함이 그 비법이다.

강연을 마친 직후 내가 나이와 직업을 막론하고 수많은 사람에게 마음을 울리는 중요한 메시지를 던졌다는 걸 알게 됐다. MIT, 하버드, 와튼, 컬럼비아 같은 미국 최고의 경영대학원부터 《포춘(Fortune)》 선정 500대 기업까지 나에게 공식적인 연설 요청을 보냈을 뿐 아니라 더 많은 것을 알고 싶은 사람들이 '어떻게 해야 원하는 목표를 좇을 수 있을까요? 어떻게 해야 대담해질 수 있을까요?'와 같은 질문을 수도 없이 보내왔다.

바로 그때 당신이 지금 읽고 있는 이 책을 써서 더 크고 더 멋지고 더 대담한 삶을 향한 여정에 맞춰 설계한 열여섯 가지 원칙을 전해야겠다고 생각했다. 이 책은 얻을 수 있는 것이 아닌 원하는 것을 좇도록 도와주는 최고의 안내서가 될 것이다.

대담해질 용기

당신은 원칙을 하나하나 살펴보면서 마음을 완전히 새롭게 바꾸고 대담해질 준비를 하게 될 것이다. 어떤 내용인지 미리 간략하게 적어보았다.

원칙 #1: 한번 오른 나무는 더 빨리 오를 수 있다

원칙 #2: 가만히 나아지는 인생은 없다

원칙 #3: 믿음

원칙 #4: 변화

원칙 #5: 습관

원칙 #6: 대담함

원칙 #7 : 목적지가 아닌 방향을 정해라

원칙 #8 : 의식적으로 호기심을 키워라

원칙 #9 : 순진함은 강점이 될 수 있다

원칙 #10 : 평범함은 초능력을 만든다

원칙 #11 : 과감함을 하나로 묶어라

원칙 #12 : 고치고, 맡기고, 잊어버려라

원칙 #13 : 원하는 것을 구체적으로 요구해라

원칙 #14 : 성공의 자질은 재능이 아닌 대담함이다

원칙 #15 : 1할의 법칙

원칙 #16 : 거절당하는 것이 후회하는 것보다 낫다

　이 원칙들을 바탕으로 내가 당신의 코치가 될 것이다. 나는 이미 피트니스 트레이너로 일하며 이런 원칙들을 전했다. 내 일은 고객의 신체를 단련하는 데만 한정되어 있지 않다. 모든 것은 두뇌에서 시작한다. 마음가짐만 바로 한다면 스쾃(양발을 좌우로 벌리고 무릎을 굽혔다 펴는 운동－옮긴이)을 백만 번도 할 수 있다(아주…… 많이 할 수 있다는 말이다). 하지만 정신이 준비되어 있지 않으면 단 한 번도 할 수 없다.

　나는 몸이 아닌 머리부터 시작한다. 신체 훈련을 정신적 각도에서 접근하기 때문이다. 트레이너로서 수많은 증명서를 받기 전에 심리학 학위를 받았고 지금처럼 사람들을 완전히 뒤바꾸도록 동기를 부여하는 일에 푹 빠지지 않았다면 심리학 분야에서 직업을 찾았을 것이다.

　나는 유명한 사람들부터 평범한 남녀에 이르기까지 수천 명이 현실적인 목표를 세우고 힘을 키우고 새로 얻은 체력을 유지할 수 있게 도왔다. 하지만 체중 감량 목표가 10킬로그램이건

50킬로그램이건, 크리스티나 아길레라 같은 스타나 데니스 로드먼 같은 운동선수이건 내 운동 앱, 책, DVD를 애용하는 일반인이건, 성공은 언제나 실패를 딛고 끝까지 해내는 태도, 작지만 점점 커져가는 변화를 통해 전진하고 목표를 이루지 못해도 다음 날 일어나 다시 노력하는 올바른 마음가짐에 달려 있다. 마음에 이런 근육을 키우게 돕는 것이 내 일이었다.

'대담함 근육'이라고 할 수 있는 이런 '근육'을 키우는 과정 역시 비슷하다. 우선 원하는 것이 무엇인지 파악하고 작지만 할 수 있는 것부터 행동으로 옮기기 시작한다. 기술을 익히고 연습하고 자신감을 얻고 실패하더라도 돌아가서 목표를 이룰 때까지 다시 시도한다.

대담한 사람들의 모습과 나이는 모두 다르며 성공의 형태 또한 사람마다 다르다. 어떤 이들은 아주 유명해서 대서양과 태평양 연안 양쪽에 집이 있고, 어떤 이는 바로 당신 옆집에 살고 있을 수도 있다. 당신에게 아침에 커피를 건네준 사람일 수도 있고 지금 다니는 회사의 임원일 수도 있다. 어떤 대담한 사람은 토크쇼를 진행하고 또 어떤 사람은 그 토크쇼 진행자의 메이크업을 담당할 수도 있다. 하지만 각자 다른 성공의 이면에는 한 가지 공통점이 있다. 바로 끝없이 시도하고 실패했을 때도 시도

한다는 것이다. 문이 열리지 않으면 창문을 찾는다. 이들은 원하는 것을 얻을 때까지, 아니면 존재하는지조차 몰랐던 새로운 기회를 찾을 때까지 계속해서 요구하고 바꾸고 비튼다. 내가 바로 그렇게 해왔고 이제 여러분도 그렇게 할 수 있다. 내가 방법을 알려줄 것이다.

BIG
BAT

1부

성공을 위한 대담한 시작

한번 오른 나무는
더 빨리 오를 수 있다

위험이 없으면 보상도 없다.
대담한 사람에게는 위험을 감수하는 것 자체가 보상이다.
한 번 시도할 때마다 우리는 목표에 가까워진다.
무릎에 딱지가 한 번 생길 때마다, 우리는 더 강인해진다.

행복은 사랑하는 사람들과 바다를 항해하는 것과 같다. 물이 얼마나 깊은지 알고 나면 어찌할 줄 몰라 배를 흔드는 사람이 없기만을 기도하게 된다(하지만 기대는 버려라, 배를 흔드는 사람이나 사건은 언제나 나타난다).

행복을 찾지 말라는 게 아니다. 하지만 지나친 '행복 찾기'가 어떤 의미인지 한번 생각해 봤으면 한다. 뭐, 행복은 만족이다. 어찌 됐든 잠시라도 흡족함을 느끼는 것이다. 또 우리가 원하는 것, 혹은 남들이 우리에게 기대하는 것을 얻는 것이 행복이다. 하지만 진실로 원하지 않더라도 눈앞의 현실에 만족하는 것을 의미할 때도 많다. "하지만 난 드디어 행복을 찾았어!"라고 말하는 사람의 나이가 고작 스물다섯 살이라면? 아니 예순다섯 살이라도 마찬가지다. 그다음엔 어떻게 할 것인가?

행복한 사람들을 보여주는 사진에 견고하고 하얀 울타리가 자주 등장하는 걸 보면 참 아이러니하다. 울타리는 우리를 안전하게 지켜주고 안전하다고 생각하게 해준다. 하지만 동시에 우리를 가두고 타인의 접근을 방해하기도 한다. 울타리를 쳐두면 울타리 너머로 우리가 진정으로 원하는 것을 찾아 떠날 수 없다.

울타리는 점점 낡는다. 새로 페인트를 칠해야 하고 뒤틀린 곳을 찾아 수선해야 한다. 아무리 잘 세워도 폭풍이 몰아치면 쓰러져 버린다. 그럭저럭 괜찮던 행복은 폭풍 앞에서 무너진다.

어떤 사람들은 울타리를 다시 세운다. 어쨌든 폭풍이 불어닥치기 전까지는 행복했으니까. 하지만 어떤 사람들은 성장할 기회를 포착하고 그깟 울타리 너머에 무엇이 있는지 발견하기 위해 신체적, 심리적 장벽을 없애버린다. 이들이 바로 대담한 사람들이다.

행복이 종착지라면 대담함은 방향이다.

대담한 삶이 곧 풍요로운 삶이다

 이 책은 행복을 찾는 법을 말하지 않는다. 행복을 찾도록 도와주는 책은 이미 세상에 널렸다. 이 책, 『빅 뱃』은 풍요롭고 꽉 찬 삶을 살라고 말한다. '그럭저럭 괜찮은' 삶은 좋은 삶과는 다르다.

 한 가지 확실히 말해두자면 내가 말하는 '풍요로움'이란 은행 계좌에 돈이 두둑하다는 의미가 아니다. 그렇다고 금전적으로 보상이 큰 일을 하지 말라는 이야기도 아니다. 하지만 너무 돈에만 집중하면 절대 만족할 수 없다. 나보다 더 부유하고 풍족한 사람은 언제든 있기 때문이다. 더 비싼 차, 더 좋은 집, 더 높고 하얀 울타리는 끝이 없다.

 이런 풍요로운 삶을 전문가들은 '심리적으로 풍족한' 삶이라고 말한다. 그저 물질이 아닌 풍부한 경험과 만족스러운 인간관계로 가득한 삶, 한계가 아닌 도약으로 가득한 삶이다. 풍요로운 삶을 살아가는 사람은 크든 작든 늘 모험에 뛰어들 준비가 되어 있다. 풍요로운 삶은 무관심이 아닌 다양성에서 나오고 새로움과 변화를 추구하고 발견하며 자신을 찾아나갈 때 비로소 가능하다. 흥미로운 장소와 사람과 경험이 모여 풍요로운 삶이 만들어진다. 우리는 더 크고 더 멋지고 더 대담한 경험을 쌓아야 한다.

심리적으로 풍족한 삶은 편안함과 안정을 추구하는 삶이 아니다. 현실에 만족하거나 남을 만족시키는 삶도 아니다. 어떤 사람들은 평생 규칙을 지키고 정치적 올바름을 따지며 절대 위험을 감수하지 않는다. 믿음과 깨달음을 지키기 위해 타인에게 맞서는 일도 없고 진정으로 원하는 일이나 타고난 사명도 외면한다. 누군가에게는 이 정도로 그럭저럭 사는 것도 충분할 것이다. 하지만 이는 절대 풍요로운 삶이 될 수 없다. 풍요로운 삶을 위해 노력해라. 대담해져라.

대담한 사람은 한계까지 밀어붙인다.

vs 그럭저럭 사는 사람은 고정관념에 사로잡힌다.

대담한 사람은 시스템을 뚫고 나간다.

vs 그럭저럭 사는 사람은 규칙에 순응한다.

대담한 사람은 상황을 바꾸기 위해 행동한다.

vs 그럭저럭 사는 사람은 제자리에 서서 변화를 거부한다.

대담한 사람은 목표를 향해 나아간다.

vs 그럭저럭 사는 사람은 흐름을 따라간다.

대담한 사람은 기회를 창조한다.

　vs 그럭저럭 사는 사람은 일이 일어나기를 기다린다.

대담한 사람은 새로움을 추구한다.

　vs 그럭저럭 사는 사람은 늘 똑같아도 괜찮다.

대담한 사람은 호기심이 많고 타인에게 관심을 갖는다.

　vs 그럭저럭 사는 사람은 자신만 신경 쓴다.

대담한 사람은 거절을 받아들인다.

　vs 그럭저럭 사는 사람은 내내 후회한다.

대담한 사람은 실패를 편안하게 여긴다.

　vs 그럭저럭 사는 사람은 실패가 두려워 시도조차 하지 않는다.

대담한 사람은 굵직굵직한 이야기가 많다.

　vs 그럭저럭 사는 사람은 그런 이야기를 들으며 간접 경험을
　한다.

지나치게 생각이 많은 사람들

대담한 사람은 지나치게 생각하지 않고 과감하게 뛰어든다.
이런 말을 들으면 '그렇게 어리석을 수가! 신중하게 행동해야지'

라고 생각할 수 있다. 자, 내가 앞에서도 이야기했지만 너무 신중하다 보면 함정에 빠질 수 있다. 똑똑한 사람들은 인생이 달라지고 원하는 걸 얻을 수 있는 결정을 내리기 전에 잘못될 가능성을 모두 생각한다. 이들은 실패할 방법을 전부 알고 있다. 하지만 대담한 사람들은 잘될 방법을 생각한다. 이들은 성공하든 실패하든 시도 자체가 성공이라는 걸 잘 안다(생각 없이 무작정 덤벼들라고 하지 않았다. '지나치게' 생각하지 말라고 했지).

대담한 사람들 역시 아주 똑똑할 수 있다. 하지만 이들은 기꺼이 바보가 된다. 순수하고 열린 마음으로 실패를 통해 배우며 그 속에 숨은 진짜 가능성을 찾아낸다. 하지만 무지해 보일까 두려워하는 똑똑한 사람들은 머리로 괴물을 죽일 수 있다고 생각한다. 조사를 해봤으니까! 이성적이니까! 이들은 멈춰 서서 장단점을 따져본 후 모든 데이터를 표로 작성한다. 이를테면 주식시장이 안정될 때까지 몇 주 더 기다리거나 실패 위험을 절대 감수할 수 없다는 생각으로 여기저기 확인하고 또 확인한다.

이처럼 똑똑한 사람들이 지나친 생각에 사로잡혀 행동하지 못할 때 대담한 사람들은 이미 링 위에 올라가서 원하는 것을 찾아 싸움을 시작한다.

아이는 알고 어른은 모르는 진실

어릴 때 그런 친구가 꼭 있었을 것이다. 어떤 아이들은 "절대 못 올라가, 너무 높잖아. 꼭대기까지는 어림도 없지. 큰일 날걸"이라며 겁을 주고 또 어떤 아이들은 "올라가! 올라가!"라며 부추길 때(같은 아이가 그러기도 한다) 이웃집 마당에서 자라는 나무에 꼭 올라가는 아이 말이다. 그 아이는 당당하게 꼭대기 가까이 올라갔다가 어떻게 내려와야 할지 몰라 당황한다. 하지만 어떻게든 방법을 찾아 내려온다. 물론 그 과정에서 여기저기 긁히거나 멍들기도 하고 뼈가 부러지기도 한다. 어른들에게 들켜 혼이 날 수도 있다. 하지만 올라갈 기회가 생기면 또 올라가고 다음에는 더 큰 나무에도 올라간다. 결국은 나무 꼭대기까지 올라간다. 친구들도 이 친구의 용감함에 박수를 쳐줄 것이다. 이런 용기는 어디에서 왔을까?

이 아이는 나무 오르기를 두려워하지 않았다. 그저 올라갔을 뿐이다.

어쩌면 여러분이 그런 아이였을 수도 있다. 아니면 그런 아이를 동경하는 아이였을 수도 있고. 어떤 아이였든 나이가 들어갈수록 두려움 없이 뛰어들던 때가 기억나지 않을 것이다.

대담해지는 방법 하나를 소개한다. 바로 그 아이가 되어라.

당신은 춤도 못 추고 음정도 못 맞추고 가사도 틀리면서 학교 뮤지컬에 꼭 참여하겠다고 마음먹는 아이였나? 물론 코러스 맨 뒷줄에 서서 겨우 두 줄 부르고 말았을 것이다. 하지만 정말 재미있지 않았나? 친구들도 함께 웃으며 손뼉을 쳐주었을 것이다! 그토록 원하던 무대에 올라간 것이다!

그 아이가 되어라.

동계 올림픽이 열릴 때 스케이트 경기를 보고 스케이트를 타지도 못하면서 '나도 할 수 있어!' 하고 생각한 적이 있는가? 스케이트장에 가서 빌린 스케이트의 끈을 단단히 묶고 얼음판에 들어갔다가 곧바로 엉덩방아를 찧었나? 아팠을 것이다! 하지만…… 그래도 좋았을 것이다. 그래서 곧 다시 일어나 얼음판을 달렸을 것이다. 그러다 다시 넘어졌지만 이미 마음은 스케이트에 푹 빠졌다. 그래서 엄마에게 스케이트를 사달라고까지 했다. 점점 실력이 나아지긴 했지만 그래도 엉덩방아를 찧었다. 그래도 또 일어나서 다시 연습했다. 일어서서 스케이트를 타고 다시 넘어졌다가 또 일어나는 일을 반복하다 보니 좀 더 오래 탈 수 있게 됐고 넘어지는 횟수도 줄었다. 스케이트장이 문을 닫을 때쯤엔 스케이트를 챙기면서 다음 주에 또 찾아올 생각에 비어져 나오는 웃음을 참을 수 없었다.

그 아이가 되어라.

내가 '그런 아이'였을 때 나는 엄마 친구들에게 돈을 어떻게 버는지, 출근하는 게 싫은지 좋은지, 얼마짜리 집에 사는지 등 예의 바른 아이라면 묻지 않을 질문들을 던져 엄마를 창피하게 했다. 하지만 나는 어른들의 세계가 어떻게 돌아가는지 궁금했다. 정보를 알고 싶었고 그래서 얻어냈다. 나는 두려움이 없었다. 대담했다.

나는 지금도 그런 아이다.

두려워해야 한다는 걸 모를 때는 두려워하지 않는다. 아이들은 이 진실을 잘 안다. 대담한 사람들 역시 알고 있다. 이들은 상처받을 수 있고 실패하거나 거부당할 수 있다는 것도 잘 안다. 하지만 그게 바로 위험을 감수하고 시도한다는 것의 의미다. 그리고 어떤 분야에서는 대담하더라도 다른 분야에서는 그렇지 않을 수 있다. 난 어떠냐고? 나는 나무에 오르는 게 무서웠다! 그래서 고개를 꺾어 위를 올려다보며 겁 없는 친구를 응원하는 쪽이었다. 하지만 다른 아이들은 호기심을 느끼면서도 너무 쑥스러워서(아니면 너무 예의 발라서) 묻지 않았을 직업과 돈에 관한 과감한 질문을 엄마 친구들에게 던지는 것은 망설이지 않았다.

남들이 나에게 기대하는 것이 아닌 내가 진실로 원하는 것을 따라갈 때도 대담함은 중요하다. 그러니 마음속으로는 그냥 불가에 앉아 편안히 쉬다가 나중에 만나고 싶은데 급경사 스키 슬로프를 내달려야 한다는 부담이 느껴진다면 대담함이나 두려움을 생각하지 말고 정말 원하는 걸 선택하자(스키와 벽난로는 모두가 당연히 가라고 하지만 자신은 원치 않는 '안전한' 직장과 수입은 별로 안 되지만 흥미로운 일을 할 수 있는 비영리단체로 바꿔 생각할 수 있다). 기억하자. 원하는 것을 좇으려면 대담해져야 하고 특히 남들이 나에게 기대하는 것과 다른 길을 옹호할 때는 특히 더 대담해져야 한다.

위험이 없으면 보상도 없다. 대담한 사람에게는 위험을 감수하는 것 자체가 보상이다. 한 번 시도할 때마다 우리는 목표에 가까워진다. 무릎에 딱지가 한 번 생길 때마다, 밑에서 바라보는 친구들의 응원이나 청중의 함성이 들릴 때마다 우리는 더 강인해진다.

우리는 그렇게 '그' 아이가 된다.

가만히 나아지는
인생은 없다

대담해지기를 갈망하는 사람은 누구도 막을 수 없다.
협상하고 요구하고 목소리를 높이고
원하는 것을 얻지 못했더라도
시도한 것만으로 강해졌다는 걸 받아들여라.

많은 사람이 대담함은 '타고나야' 하고 그런 행운을 누리지 못했다면 절대 대담해지지 못할 거라고 단정한다. 절대 그렇지 않다. 더 크고 더 멋지고 더 대담한 삶은 누구에게나 열려 있다. 대담함은 다른 기술과 마찬가지로 배우고 개발하는 것이기 때문이다. 또한 다른 기술과 마찬가지로 연습을 거듭해야 한다.

강한 체력을 원한다면 체육관에 한 번 가고 끝내선 안 된다.

새 언어를 배우고 싶다면 수업 몇 번 듣고 유창해질 거라고 기대해선 안 된다. 마라톤을 뛰고 싶다면 동네 한 바퀴 달리고 나서 42.195킬로미터를 달리겠다고 덤벼들면 안 된다.

새 기술을 보유하려면 배우고 연습하면서 자신만의 방법으로 실력을 키워야 한다. 연습하면 할수록 더 잘할 수 있게 된다. 대담함도 마찬가지다. 대담하게 태어났든 아니든 배울 수 있다. 그리고 더 연습하면 할수록 더 대담해질 것이다.

정말 타고난 것은 바꿀 수 없을까?

혹시 퇴보하는 것 같은가? 옛날에는 그런 아이였는데 시간이 흘러 나이와 경험이 쌓일수록 점점 위험을 회피하고, 원하는 것을 따르기보다는 가진 것에 편안하게 안주하는 것 같아서 걱정인가?

아니면 그저 대담한 성격을 타고나지 않았다고 생각할 수도 있다. 엄마와 언니는 대담한데 나만 아빠를 닮아서 조용하고 숫기가 없다고.

그래도 대담함은 키나 눈 색깔처럼(컬러 렌즈는 제외하고) 자궁에서 프로그램되어 나오지 않는다. 최근 연구에 따르면 사람의 성격은 반 정도는 타고나고 나머지 반은 의지에 따라 바꾸고 배우고 개발할 수 있다고 한다. 사람들의 90퍼센트가 성격을 어느 정도 바꾸고 싶어 한다는 조사도 있으니 좋은 소식이다.

어떤 관계는 입맛도, 성격도 달라지게 한다

나이가 어느 정도 있다면 벌써 성격이 조금은 변한 것을 눈치 챘을 것이다. 성숙해지며 자연스럽게 변하기도 하고 충격적인 사건이나 급격한 환경 변화 등으로 삶이 바뀌는 경험을 할 때 변하기도 한다. 때로는 인간관계의 영향을 받아 변하기도 하고 책임이 많은 일을 새로 맡으면서 행동이 달라지기도 한다.

뒤돌아 생각해 보지 않으면 그런 변화를 깨닫지도 못한다. 보통 성격이 변할 때는 어떤 사람이나 사건이 영향을 준다. 어쩌면 당신은 매일 밤 파티를 즐기며 게으른 주말을 보내고 냉장고에 로제 와인 한 병밖에 남지 않을 때까지 절대 장을 보지 않는 사람이었을 수도 있다. 집안일을 전혀 하지 않아도 괜찮았을 것이다. 하지만 배우자를 만나 아이를 낳은 후 모든 게 달라졌다. 이제는 모든 것을 철두철미하게 관리하고 식단을 짠다. 지금도 친구들과 어울리는 게 좋긴 하지만 사람들을 만나더라도 10시

전에는 꼭 잠자리에 든다(9시 반이면 더…… 아니, 농담이다).

어떤 관계는 성격을 대담하게 바꾸는 긍정적인 계기가 되기도 한다. 예를 들어 내 친구 그레그는 음식에 대한 모험심이 전혀 없었다. 몇 개 안 되는 식당에 돌아가며 들러 늘 똑같은 메뉴를 시키고 집에서는 더 몇 가지 안 되는 음식을 요리해 먹었다. 친구들이 유치원 아이 같은 입맛을 놀리면 늘 "뭣 하러 바꿔? 내가 먹는 음식도 좋은데"라고 답하곤 했다.

그러던 그레그가 새로운 맛집을 찾아다니고 이국적인 음식을 먹고 최신 유행 음식을 좇는 여성과 진지하게 만나게 됐다. 처음에는 여자 친구가 좋아하니까 낯선 식당에 찾아가고 푸드트럭이나 직거래 장터에도 찾아갔다. 하지만 시간이 지날수록 이런 새로운 맛과 경험이 정말 즐겁다는 걸 알게 됐고 다양한 지역 음식에 푹 빠졌다. 그레그는 식도락가가 됐다!

여자 친구와 헤어진 지 1년이 다 되어가지만, 그레그는 옛날 단골 식당으로 돌아가지 않고 친구들을 초대해 허름한 술집부터 고급 레스토랑까지 맛있다는 새 식당을 찾아다니고 있다. 신문에서 음식 기사를 찾아보고 리뷰를 읽어보고 직거래 장터에서 새로운 게 없나 살피며 돌아다닌다. 요리 프로그램에 푹 빠져서 새로운 음식을 만들어보는 것도 좋아한다. 이제 친구들이

180도 변한 모습을 놀리면 이렇게 말한다. "이봐, 누구나 변할 수 있어."

당신도 바뀔 수 있다

그레그는 여자 친구 덕분에 점점 성격이 바뀌어 더 열린 마음으로 모험을 즐기고 유연하게 자신의 길을 찾아갔다. 그렇지만 입맛이 다채로운 전 여자 친구의 도움이 없었더라도 스스로 바뀔 수 있었을까? 답을 미리 말하자면, 그렇다. 바뀔 수 있다. 다른 사람과 같은 외부의 영향이 없더라도 우리는 바뀔 수 있다. 물론 누군가를 만나거나 큰 사건을 겪으면 강한 자극을 받지만, 심리학 전문가들은 자발적으로 성격을 바꾸는 게 가능하다고 오래전부터 이야기해 왔다.

물론 욕망이나 의도, 나아가 변할 수 있다는 믿음만으로는 변할 수 없다. 이미 변한 것처럼 행동해야 한다. 원래 그런 성격이었던 것처럼 그 성격의 특성을 받아들이고 강화하는 행동을 해야 한다. 성격 전문가이자 심리학자인 네이선 허드슨(Nathan Hudson)과 서던 메소디스트 대학교 연구팀은 사람들이 성격 특성을 바꾸려고 할 때, 특히 성격 심리학에서 '다섯 가지 성격 요소(Big Five)'라고 부르는 주요 특성을 바꾸려고 할 때, 그와 관련한 특정 과제를 성공적으로 완수한 결과 원하는 대로 성격을 바꾸는 데 성공했다는 사실을 발견했다.

• 다섯 가지 성격 요소

개방성(호기심이 많은가, 조심스러운가)

성실성(조직적인가, 부주의한가)

외향성(외향적인가, 내성적인가)

친화성(친화적인가, 비판적인가)

신경성(민감한가, 자신감이 있는가)

'경험에 대한 개방성'을 바탕으로 메뉴 선택에 도전한 그레그의 경우를 살펴보자. 그레그는 여러 과제를 풀어가면서 조심스러운 성격에서 호기심 많은 성격으로 바뀌었다. 허드슨 연구팀은 변하고 싶은 사람이 '연습'을 계속하면 성격이 더욱 확실히 바뀐다고 예측했다.

다시 말하면 성격을 바꾸기 위한 행동을 하면 할수록 성격을 더 잘 변화시킬 수 있다는 뜻이다. 그리고 그런 행동을 지속하면 바꾼 성격이 더욱 굳어진다. 이런 접근법은 처음부터 시작하든, 어머니에게 과감함 유전자를 50퍼센트 물려받든 상관없이 통한다.

대담함은 다섯 가지 성격 요소 중 하나는 아니지만 그중 몇 가지 요소와 관련이 있다. 대담함을 높은 외향성(외향적)과 낮은 신경성(자신감)을 합친 칵테일이라고 생각해 보자. 이 칵테일에는 호기심, 독창성, 창의성이 섞인 '경험에 대한 개방성'도 어느 정도 들어가야 하고 성실성(준비하되 지나친 생각은 금물)과 친화성(꼭 필요할 때 다른 사람들의 도움을 받을 수 있을 정도로 얼간이는 아니어야 한다는 뜻) 몇 방울도 넣어야 한다.

다섯 가지 성격 요소는 널리 사용되는 성격 테스트의 기본이 된다. 여러 무료 온라인 성격 테스트 중 하나를 해보면서 자신의 성격을 좀 더 자세히 알아보고 현재의 대담함 수준이 어느 정도인지 가늠해 보는 것도 좋다. 과거부터 지금까지 성격이 어떻게 변했는지 측정해 보고 이 책을 읽으며 '과감한 행동'을 수행한 후에는 어떻게 변하는지도 살펴보자. 다섯 가지 성격 요소 질문에 답하다 보면 이미 '외향성'은 높아지고 있지만 '신경성'은 평균 이상이라는 걸 알게 될 수도 있다. '경험에 대한 개방성'이 낮은가? 아니면 높은 점수를 받았는가? 이미 가지고 있는 대담함 근육을 뽐낼 수 있는 요소는 무엇이고 좀 더 노력해야 할 요소는 무엇인가? (그렇다고 꼭 '외향적'이어야만 대담한 것은 아니다. 하지만 대담함의 수준을 높이려면 그런 특성을 빌려오는 것이 도움이 된다.)

자신만의 대담함을 선택하라

나는 대담함을 두 가지 범주 혹은 방향으로 나눈다. 하나는 사회적 대담함이고 하나는 자아실현에 필요한 대담함이다. 이렇게 크게 두 영역으로 나눌 수 있는 여러 형태의 대담함을 통해 우리는 더 풍성한 삶을 누릴 수 있다. 당연히 그중 한 가지를 골라야 하는 것은 아니다. 사실 나는 풍요로워지고 싶은 모든 분야에서 더 대담해지라고 권한다. 이 접근법이 결국 풍성한 삶을 얻는 열쇠가 된다. 게다가 한 영역에서 과감하게 행동하기로 마음먹으면 다른 영역에서도 과감하게 움직일 준비를 할 수 있다는 긍정적인 효과도 있다.

사회적 대담함은 연인 관계, 결혼 생활과 부모 역할, 가족과 친구 관계, 일터와 공동체에서 원하는 것을 얻고 자신이 소중하게 여기는 방향으로 다른 사람들을 이끄는 능력이다. 우리는 사회적 대담함을 통해 일상에서 깊은 관계를 맺고 일터에서는 더욱 생산적인 인맥을 구축할 수 있다.

자아실현을 위한 대담함은 진정한 자기 모습을 찾고 잠재력을 끌어내는 데 쓸 수 있다. 이런 변화는 생각만 하던 소설을 드디어 쓰거나 획기적인 발명품을 내놓는 등 창의적인 결과로 나타날 수 있다. 아니면 자신의 한계를 뛰어넘어 킬리만자로산을 등반하는 등 극적인 성과를 내고 싶어지게 할 수도 있다.

자아실현을 위한 대담함은 인생의 어두운 시기를 벗어나고 싶을 때나 예상치 못한 상황으로 큰 변화를 겪을 때, 또는 삶이 건네는 모든 기회를 탐색하려고 할 때 꼭 필요한 자세다. 똑같은 일상에 신물이 나서 전부 다 뒤엎고 싶을 때도 좋다. 나는 뒤엎는 걸 좋아한다. 행동하지 않으면 성장할 수 없다.

자, 가장 먼저, 아니면 가장 간절하게 대담함 근육을 사용하고 싶은 곳은 어디인가?

직장에서 더 대담해지고 싶은가? 충분히 자격이 되는 걸 아는데도 아직 제안받지 못한 승진을 요구하고 싶은가? 아니면 진로를 완전히 바꿔서 사업을 시작하고 싶은가? 데이트할 때나 연인 사이에서 좀 더 자신감을 얻고 싶은가? 어쩌면 사회생활을 할 때 소심하게 구는 대신 사람들과 친해지고 싶거나 건강한 생활을 방해하는 나쁜 영향력에서 벗어나고 싶을 수도 있다. 이런 문제에 공감한다면 우선 사회적 대담함에 집중하는 것이 좋다.

모험을 떠날 준비가 되었는가? 서핑하기, 자가용 비행기 몰기, 아니면 그 비행기에서 뛰어내리기 등을 꿈꾸는가? 새로운 장소, 새로운 사람들, 새로운 경험을 발견하는 탐험을 즐기는가? 다들 꿈도 못 꾸는 육체적 도전을 끝없이 시도하는가? 녹음실에서 싱어송라이터로서 당신의 실력을 보여주고 싶은가? 그림을 그리고 싶은가? 조각은? 소설이나 시집을 쓰는 건 어떤가? 세상을 더 나은 곳으로 만들 대단한 아이디어를 발명가로서 당장 실행하고 싶은가? 그렇다면 자아실현을 위한 대담함에 초점을 맞춰라.

이런 예시가 지금은 너무 크고 부담스럽게 느껴질 수도 있다. 단순히 더 이상 집에 틀어박혀 지내고 싶지 않거나 자녀들이 품을 떠난 후 다음 단계를 생각하고 있는 때일 수도 있다. 좀 더 자신감 넘치는 외모와 기분을 원할 수도 있다. 상관없다. 이 책에서 제시하는 원칙은 더 크고 더 멋지고 더 대담한 삶을 위해서라면 어떤 방식도 가리지 않는다.

나는 대담해지기를 갈망하는 사람은 누구도 막을 수 없다고 믿는다. 지금 당장 배를 타고 세계 일주를 떠나지 못하는 데는 현실적인 이유가 있을 것이다. 하지만 여행을 떠나기 위한 연습은 시작할 수 있다. 지붕 수리업자와 수리비를 협상하고 연봉 인상을 요구하고 진정으로 믿는 대의를 위해 목소리를 높이고,

원하는 것을 얻지 못했더라도 시도한 것만으로도 강해졌다는 걸 알고 편안하게 받아들이는 것이다.

지금부터 연습해라. 그럼 출항 준비가 됐을 때쯤에는 떠나는 데 필요한 대담함의 기술을 모두 갖추게 될 것이다.

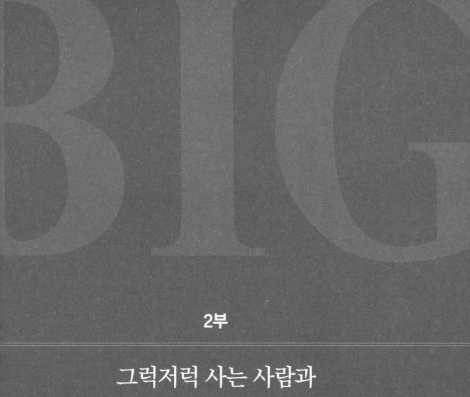

2부

그럭저럭 사는 사람과
매일 나은 삶을 사는
사람의 결정적 차이

원칙 03

믿음

자신을 대담한 사람이라고 정의할 수 있다면,
그런 다음 꾸준히 연습하고 또 연습한다면,
삶의 목표를 향해
위대한 도약을 할 수 있다.

명연주자, 챔피언, 뛰어난 기업인이 되려면 연습은 물론 피나는 노력과 헌신을 해야 한다. 어쩔 수 없이 실패와 거절이 찾아와도 집념을 가지고 다시 일어서야 한다. 이에 더해 높은 목표에 도달하려는 사람에게 꼭 필요한 한 가지가 또 있다. 바로 자신에 대한 믿음이다.

올림픽 금메달을 따거나 《포브스(Forbes)》 선정 500대 기업이 되겠다는 목표가 없더라도 대담해지기 위해서는 자신을 믿어야 한다. 이 믿음이 대담함을 향한 여정의 출발점이다. 지금은 아무리 대담함과는 거리가 먼 것 같아 보여도 스스로 대담하다고 믿어야 한다.

자신을 믿으라는 말은 아침마다 거울을 보고 의미 없는 확신의 말을 중얼거리면서 속으로는 '쳇, 이런 헛소리가 잘도 먹히겠다'며 삐죽거리라는 게 아니다.

확신의 말도 (올바른 태도로 한다면) 강력한 효과가 있을 수 있지만 욕실에서 거울에 대고 중얼거리는 것보다 더 좋은 방법이 있다. 그냥 믿는 게 아니라 그 모습이 자기 정체성이라고 살짝 비틀어 생각하는 것이다. 자신을 대담한 사람이라고 정의할 수 있다면, 그런 다음 세계적인 음악가와 운동선수처럼 꾸준히 연습하고 또 연습한다면, 삶의 목표를 향해 위대한 도약을 할 수 있다.

대담함의 과학

심리학 세계에서 '자기효능감'은 사회 인지 치료의 핵심 개념으로, 간략하게 이야기하면 할 수 있다고 믿으면 잘해낸다는 뜻이다. 자기효능감은 1960년대부터 활발한 연구 활동을 펼친 저명한 심리학자 앨버트 밴듀라(Albert Bandura) 박사의 연구에서 나온 개념이다.

밴듀라에 따르면 자기효능감은 "앞으로 닥칠 상황을 해결하는 데 필요한 일련의 행동을 조직하고 실행하는 자신의 능력에 대한 믿음"이다. 다시 말해 삶에서 원하는 것을 얻겠다는 목표를 이루는 데 필요한 일을 준비하고 실행할 수 있다는 믿음을 갖는 것이다. 아니면 이렇게도 이야기할 수 있다.

까짓것 할 수 있다고 믿어라.

까짓것 할 거라고 믿어라.

그리고 그까짓 것 해버려라.

그러면 원하는 것에 점점 가까이 다가갈 것이다. (거울 속의 자신을 보면서 '난 널 믿어!'라고 말하는 것보다 이 세 문장을 큰 소리로 외치는 게 훨씬 더 재미있고 흡족할 것이다. 꼭 해보길.)

자기효능감이 있는 사람은 주체적이다. 이런 사람들은 사회적 환경, 동기부여 수준, 성과를 위한 헌신, 정서적 행복과 같은 삶의 요소를 통제할 수 있다고 믿는다. 자신이 목표를 이루려고 집중할 때는 대담한 습관, 품행, 행동을 바탕으로 이기기 위해 최선을 다한다고 믿기 때문이다. 이들은 난관과 장애물을 피하거나 움츠러들거나 패배감을 느껴야 하는 대상이 아니라 완전히 알고 정복해야 할 대상이라고 여긴다. 또한 실패를 기분 나쁘게 받아들이지 않는다. 실패는 다시 세상 밖으로 나가 새 길을 찾을 기회이기 때문이다.[1]

물론 아무리 계획을 잘 세우고 최선을 다한다 해도 백 퍼센트 성공할 수는 없다. 하지만 건강한 수준의 자기효능감을 지닌 사람들은 상황이 힘들어도 참고 인내할 수 있다고 믿는다. 이 역시 자기효능감이 주는 장점이다. 이들은 상황을 어떻게 볼지 직접 결정한다. 그렇다. 일어난 일을 해석하는 건 내 책임이다. 거래가 틀어졌는가? 손실이 발생했을 뿐 당신이 패배자라는 뜻은 아니다.

자, 이제 자신을 믿는 연습을 해보자. 대담해지는 건 기술이라고 말한 걸 기억할 것이다. 여러분 수준이 초급이건 중급이건 고급이건 상관없다(아무리 수준이 높아도 프로 선수들처럼 연습은 계속해야 한다. 대담함은 평생 필요하니까). 다음 단계를 통해 대담함의 기초를 쌓거나 이미 세운 기초를 강화하자.

1. 한 가지 완벽하게 해내기

자신이 대담하다고 믿기 위한 가장 간단하면서도 효과적인 방법은 작지만 대담한 임무를 처음부터 끝까지 완수하는 것이다. 오늘의 임무는 그냥 얻을 수 있는 것이 아닌, 작지만 자신이 원하는 것 한 가지를 요구하는 것이다. 근력 강화 운동과 마찬가지로 이 임무 역시 대담함 근육에 힘이 붙을 수 있을 정도로 불편해야 하지만 다시는 안 하고 싶을 정도로 고통스러워서는 안 된다.

작다는 건 상대적이다. 그러니 대담함 훈련의 초심자라면 편안하다고 생각하는 수준에서 딱 한 단계 높은 것을 요구하는 데에서부터 시작해 보자. 이 임무를 완수하면 자신감이 생겨서 앞으로 더 큰 걸 요구할 때도 편안하게 느낄 것이다. 조금 수준을 높여서, 무료 아이스티에 리필을 요구하는 것보다는 어려운 걸 해보고 싶다면 도전하자. 더 큰 것을 요청하자.

대담함을 기르는 위대한 첫걸음은 식당에서 케첩을 더 달라고 하거나 물컵에 레몬 한 조각을 넣어달라고 하거나 좀 더 잘 드는 스테이크 칼을 달라고 하는 것처럼 기본적인 부탁이 될 수 있다. 정리 프로그램을 섭렵하는 친구에게 집에 와서 옷장 정리를 도와달라고 해도 좋다. 그 친구는 항상 도와주겠다고 했는데 당신이 '부담' 주기 싫어서 도움받기를 망설였을 것이다. 통신사나 주택 담보 대출을 받은 은행에 전화해 거래 조건을 다시 협상해라. 새 고객이 맡긴 탐나는 프로젝트를 진행하려고 팀을 꾸리는 상사에게 팀원으로 받아달라고 부탁해라.

대담한 행동 지나치게 생각하지 마라! 작은 임무일 뿐이다. 하나를 골라서 그냥 해라.

2. 흉내 내라

존경하거나 공감하는 사람이 나는 한 번도 시도해 보지 못한 일을 하는 걸 보면 나도 할 수 있다는 자신감이 생긴다.

헬스장에서 나이와 체격이 당신과 비슷하고 복근도 없는데(누구나 그렇듯) 스포츠 브라 위에 민소매 셔츠나 티셔츠를 절대 입지 않은 채 뱃살을 떡하니 드러내는 여성이 있다고 해보자. 헬스장은 언제나 후텁지근하지만 당신은 매번 티셔츠로 몸을 덮는다. 늘 그렇게 해왔으니까. '절대 뱃살을 보여줄 순 없지. 그런데 저 여자 정말 편해 보인다. 이놈의 티셔츠 벗어 던지면 정말 기분 좋긴 하겠어.' 처음에는 몸통을 그렇게 많이 보여주는 게 못마땅했을 것이다. 하지만 그런 비난(종종 부러움을 감추기 위한 감정이기도 하다)은 점점 경탄으로 바뀐다. 그 여자를 몇 번 더 마주치고 친근한 눈인사도 나눈 후 남을 의식하지 않고 자신 있게 런지(다리를 1미터 정도 앞뒤로 벌린 상태에서 앉았다 일어나는 운동—옮긴이)와 스쾃을 반복하는 모습에 감탄하다가 생각한다. '저 사람도 하는데 나라고 왜 못 해?' 그리고 티셔츠를 벗어버리고는 절대 뒤돌아보지 않는다. '기분 최고야! 지금까지 왜 안 벗었지?'

뜨거워야 할 음식이 미지근하게 나왔을 때 돌려보내는 친구를 따라 실망스러운 음식을 돌려보내라. 이혼한 친구가 집수리 방법을 알려주는 유튜브 영상을 보고 늘 전 남편이 고쳐주던 파이프 누수를 고쳤다면 그 친구를 따라 해라. 자녀가 다니는 학교에 일이 생기면 제일 먼저 문제를 제기해 해결하게 하는 학부모를 관찰한 후 다음 학부모회가 열리면 과감하게 손을 들어라.

상황에 따라 과감해지는 것과 속물이나 얼간이가 되는 것은 한 끗 차이일 수 있다. 나는 불량한 행동을 따라 하는 것은 권하지 않는다. 주변의 대담한 사람들이 여러분은 시도해 보지 않은 방식으로 원하는 것을 얻는다면 그 방식을 알아채라는 것이다. 아니면 과감하게 시도해 봐도 좋다. 결국 그들이 할 수 있다면 당신도 할 수 있다. 그렇지 않은가? 당연하다.

대담한 행동 주변의 대담한 사람들이 능숙하게 일에 뛰어들어 완수하는 모습을 습관적으로 관찰해라. 그들의 행동을 더 많이 관찰할수록 '대담함의 묶음(나중에 더 설명할 것이다)'에 더 많은 기술을 채울 수 있을 것이다.

3. 과감함을 응원하는 사람을 찾아라

네 아이를 홀로 키우는 앤지 셀라(Angie Cella)는 어느 날 아침 재미있는 장난감이 나오는 꿈을 꿨다. 구체적으로 말하면 아이들 머리, 옷, 액세서리에 반짝이는 가짜 보석을 붙이는 간단한 공예 도구였다. 앤지는 나중에 '블링어(Blinger)'라는 이름을 붙인 이 장난감을 실제로 만들기로 했다.

우선 킥스타터(Kickstarter, 창의적인 아이디어로 다수의 소액 투자자에게 자금을 지원받는 크라우드 펀딩 사이트 중 하나—옮긴이)를 통해 친구와 가족에게 1만 달러를 모금했지만 말 그대로 '꿈'을 실현하려면 돈이 더 필요했다. 네 아이의 응원 또한 필요했다. 앤지는 모든 우여곡절을 겪으면서도 자신을 믿을 수 있었던 건 아이들 덕분이라고 말한다. 어느 날 앤지가 블링어 사업을 계속할 돈을 얻기 위해 집을 팔고 잠시라도 아파트에 살면 어떻겠냐고 아이들에게 물어보니 첫째가 답했다. "그래야죠, 엄마." 앤지는 그렇게 집과 살림살이를 팔아 구한 돈으로 장난감 제조사들을 여러 번 만나 발명품을 장난감 업계에 내놓을 수 있었다.

2018년 앤지는 마텔(Mattel), 해즈브로(Hasbro) 같은 장난감 대기업과 소규모 신흥 기업들이 최신 장난감과 게임을 선보이는 댈러스 장난감 박람회(Toy Fair Dallas)에 부스 하나를 등록했다. 또 블링어를 홍보하려고 '장난감계의 여성'이라는 행사에도 참여했다.

블링어(와 앤지!)는 장난감 박람회의 스타가 됐다. 몇몇 장난감 회사가 블링어 라이선스에 관심을 보였고 블링어는 그중 위키드 쿨 토이즈(Wicked Cool Toys, 현재는 재즈웨어스(Jazwares)에 합병됐다)를 선택했다. 2019년 2월에는 뉴욕 국제 장난감 박람회의 위키드 쿨 토이즈 부스에서 소매상과 언론에 발명품을 선보였다. 블링어는 계속해서 여러 연휴 선물 목록에 올랐고 '2020년 올해의 창의적인 장난감' 후보가 됐다.

앤지는 엄청난 성공의 공로를 아이들의 격려와 기독교 신앙에 돌린다. 좋은 사람들이 보내는 격려는 오랜 기간 힘이 되며 특히 꼭 찾아오기 마련인 의심의 순간에 효과를 발휘한다. 좋은 친구, 배우자, 가족, 멘토 등 믿고 존경하는 사람에게 대담한 노력을 응원해 달라고 부탁해라. 어린 자녀들 역시 강력하고 긍정적인 영향을 미칠 수 있다.

대담한 행동 평상시보다 더 대담한 일을 벌일 때 응원해 달라고 요청하는 것은 그 자체로 대담한 행동이다. 신뢰하는 한두 사람에게 어떤 노력을 하고 있는지 털어놓고 아무리 작은 일이라도 성공을 거둬 더 대담해지고 원하는 삶을 사는 데 왜 그들의 지원이 필요한지 설명하자. 직접 고른 치어리더 군단이 의심을 정복하고 성공 능력을 키우는 데 도움을 줄 것이다.

4. 말하면 믿게 된다

'말로 하면 믿게 된다'는 말은 단순히 인기 있는 격언이 아니라 '말하는 것을 믿는 현상'이라는 오랜 사회심리학 이론이다.

다른 사람에게 무언가를 강하게 이야기하면 말하는 사람이 스스로 그 말을 믿게 된다. 그리고 대담한 행동을 실행하기 전 조언이나 응원의 말을 듣고 싶을 때 그 조언을 나에게 하면 똑같은 효과를 얻을 수 있다.

'인플루언서'라는 말이 나오기 전부터 인플루언서였던 내 친구 한 명이 거래 제안을 받고 나에게 조언을 구하려 전화한 일이 있었다. 나 역시 고객들을 대신해 협상을 진행할 때가 많아서였다. 내 친구는 새 상품의 인기로 급부상한 스포츠 브랜드에서 홍보 대사 자리를 제안받았다. 여기서 제안한 금액은 친구가 일반적으로 받는 비용보다 훨씬 낮았지만 친구는 과거에 함께 일했던 유명 브랜드에 비해 이 브랜드에 예산이 많지 않다는 걸 잘 알았다. 그렇다고 제안을 받아들이면 자신의 가치가 너무 낮아질 수 있다는 것 역시 대충은 알고 있었다. 친구는 여전히 자신이 다른 사람들의 생각만큼 훌륭하지는 않다는 '가면 신드롬'에 빠져 있었다. 이 문제가 그를 괴롭힌다는 걸 알 법했다.

내 친구는 재능과 인내심 덕분에 크게 성공했는데, '이 모든 유명세'가 그에게는 큰 충격으로 다가왔다. 친구는 자신이 그런 칭찬을 받을 자격이 있는지 확신하지 못했다. 한 어린 팬이 내 친구를 보며 고등학교에서 열심히 노력한 결과 결국 대학에서 장학금을 받고 선수로 뛸 수 있게 되었다고 했고, 어떤 젊은 여성은 뛰어난 마라톤 선수였던 남편을 암으로 잃은 후 내 친구에게 영감을 받은 덕분에 처음으로 마라톤을 완주할 수 있었다고 말했는데도 말이다.

내 친구는 거래를 거절하고 싶지 않았지만 그렇다고 금액을 높여달라고 요구해 계약을 놓치고 싶지도 않았다. 계약이 성사되면 더 많은 젊은이가 그를 발견하고 그에게서 영감을 받아 대담한 행동을 실행에 옮길 수 있을 거라는 사실도 알고 있었다.

내 조언을 바라기에는 시기가 좀 애매했다. 나 역시 나만의 가면 신드롬으로 남몰래 힘들어하고 있었기 때문이다. LA에 본사를 둔 비영리 단체에서 활발하게 기부 활동을 벌이는 친구 한 명이 이 단체가 다가오는 연례행사에서 "손님들에게 영감을 줄 최고 연사들"을 찾고 있는데 나를 추천했다고 했다. 친구는 나에게 연락처를 전달하며 필요한 자료를 보내라고 말했다. LA 유명 인사들 앞에 서는 게 나에게는 엄청난 기회가 될 테니 우선 친구에게 무척 고맙다고 답했다. 그러면서 흥미는 있지만 여행 계획이 잡혀 있어서 일정을 확인해 봐야겠다고 둘러댔다.

사실 일정에는 아무 문제가 없었다. 나는 나를 의심하고 있었다. 위원회가 결정을 내리는 데 필요한 정보를 모두 모아 전달하는 게 시간 낭비일 것 같았다. '손님들에게 영감을 줄 최고 연사? 내가?' 나에게 기회가 올 리 없었다. 다들 인맥이 대단한 사람들이니, 당연히 나보다 경력이 화려한 다른 후보들이 선택될 게 분명했다.

이런 부정적인 말을 쏟아낸 지 얼마 안 됐을 때 친구가 계약 문제로 조언을 얻겠다고 전화를 한 것이다. 나는 망설임 없이 기어를 대담함으로 바꾸고 내 생각을 전했다. 그가 생각하는 자신의 가치가 왜 적절한지 알려주고 그 가치를 낮게 책정하면 계약 이후 그 브랜드에서도 친구의 가치를 낮춰서 생각할 거라고 말했다. 그리고 이렇게 얘기했다. "난 널 믿어. 넌 이 기회를 얻을 자격이 있어. 너는 수많은 사람에게 영감을 줄 능력이 있고 브랜드에서도 널 홍보 대사로 뽑은 걸 자랑스러워할 거야. 그쪽에서 너한테 먼저 제안한 거잖아? 그들이 널 원한단 말이야! 넌 할 수 있어, 가서 기회를 잡아!"

나는 친구에게 필요하던 자신감을 불어넣어 주었다. 그런 사람이 나라는 게 기분 좋았다. 친구는 결국 액수를 올려 계약에 응했고 회사는 근접한 금액을 제시했다. 친구는 기분 좋게 조건을 수락했다.

전화를 끊은 후 딱 내게 필요한 말을 친구에게 했다는 걸 깨달았다. '나는 모금 행사에서 강연할 자격이 있어. 어찌 됐든 그쪽에서 먼저 제안했잖아! 그 사람들이 날 원한단 말이야!'

즉시 강연을 제안한 친구에게 문자를 보냈다. "나 할게!" 그리고 위원회가 결정을 내리는 데 필요하다고 한 서류를 보냈다. 친구에게 조언하자 기분이 좋아졌을 뿐 아니라 내 자신감도 올라간 것이다. 게다가 내 조언을 내가 지키지 않는다면 그것도 위선적인 행동이 될 것 같았다. 그래서 어떻게 됐냐고? 나는 연사로 뽑히지 않았다. 하지만 도전해 본 것에 만족했다. 나중에 이야기하겠지만 후회보다는 거절이 훨씬 회복이 빠르다. 시도조차 하지 않았다면 더 참을 수 없었을 것이다. 또한 후보로 이름을 올리면서 친구에게(그리고 가장 중요한 나에게!) 앞으로 강연 기회가 있으면 기꺼이 나설 거라는 신호를 준 셈이 됐고 결국 그렇게 됐다.

대담한 행동 주변 사람에게 '말로 하면 믿게 되는' 응원이 필요해 보인다면 기꺼이 그 말을 해라. 당신의 다음 대담한 행동에 필요한 말이 될 수도 있다.

5. '대담함 이사회'를 지명해라

내 친구는 내 직업적 본능을 신뢰했기 때문에 계약을 앞두고 나에게 조언을 구했다. 고객을 위해 금액을 협상하는 것이 내 일이다. 하지만 우리는 대부분 조언해 주려고 기다리는 사람들이 주변에 없다. 그러다 보니 자연스럽게 배우자, 가족, 친구, 동료에게 조언을 듣고 싶어 한다.

물론 필요할 때는 '전문가'를 찾을 수 있다. 법률 조언이 필요한가? 변호사에게 가면 된다. 영적 조언이 필요한가? 목사, 랍비, 이맘, 무당을 찾아가라. 발진이 났다면? 의사에게 물어라. 하지만 대담하게 움직여야 할 때 조언이 필요하다면? '대담함 이사회'에 물어라.

대담함을 키우고 싶은 사람들을 찾아서 서로에게 조언과 응원을 건네는 비공식 모임을 만들어라(이미 친구들과 이런 모임을 꾸리고 있을 수도 있다). 꼭 필요할 때 힘을 주는 말을 들을 수 있을 뿐 아니라 다른 사람에게 조언과 응원의 말을 건네고 격려하는 이점도 누릴 수 있다. 문제를 겪는 사람과 문제를 해결하는 사람 중 어떤 쪽이 되더라도 자신감과 자기효능감이 올라갈 것이다.

남들에게 도와달라고 하는 타입이 아니라고? 내가 아는 성공한 사람들은 자신의 약점을 인정하고 다음 단계를 밟기 전 도움을 청할 줄 안다. 자존심은 넣어두고 가능한 한 최고의 지침을 찾아라. 나는 내가 잘 못하는 일을 나보다 훨씬 잘하는 사람들을 주변에 많이 둔다. 그리고 이 사람들에게 조언, 도움, 응원을 구한다.

대담한 행동 대담한 사람들, 성공한 사람들은 성공이 진공 상태에서 이루어지지 않는다는 것을 잘 안다. 성공에는 한 마을이 필요하다. 하지만 아무 마을이나 되는 건 아니다. 현명하게 대담함 이사회를 구성해라. 당신의 성공을 바라는 사람들, 당신이 성공하길 기원하는 사람들을 주변에 두어라. 대담함 이사회를 당장 꾸리고 싶고 새로운 사람들을 만나는 것도 좋아한다면 이미 만들어진 '마스터마인드' 그룹(성공학 연구자 나폴레온 힐(Napoleon Hill)이 이야기한 '마스터 마인드'라는 개념을 바탕으로 정기적으로 모여 서로의 성장과 발전을 돕는 모임—옮긴이)에 들어가거나 새로 만들어라. 이런 그룹은 온라인에서도 찾을 수 있다.

6. 도와줘요, 배트맨!

이 방법은 아이들을 보고 생각하게 됐다. 우리 아이들은 어릴 때 좋아하는 슈퍼히어로나 최근에 본 영화 혹은 좋아하는 만화에 나오는 캐릭터처럼 차려입고 역할 놀이 하는 걸 좋아했다. 순식간에 특정 캐릭터로 변신하는 아이들을 보면 언제나 놀라웠다. 누가 봐도 늘 자신감이 넘치긴 했지만 배트맨 망토나 원더우먼 팔찌를 두르면 즉시 엄청난 힘과 용기를 지닌 아이들로 변신했다.

아이들이 이렇게 변하는 데는(아마 많은 아이가 그럴 것이다) 이유가 있었다. 2016년 레이철 화이트(Rachel White)와 에밀리 프레이거(Emily Prager)는 (『그릿』의 저자 앤절라 더크워스(Angela Duckworth) 등 다른 연구원들도 함께) 4~6세 아동을 대상으로 실험을 진행했다. 문제를 풀 때 아이들의 이름을 그대로 부를 때와 자신을 배트맨같이 좋아하는 캐릭터로 지칭할 때 문제 해결의 집중도와 인내심을 측정했다. 아이들은 자신과 거리를 두었을 때, 즉 실제 자신의 정체성에서 분리되어 대체 자아에 기댈 때 집중력이 높아졌으며 임무를 성공적으로 완수하려는 의지와 인내심이 올라갔다. 연구자들은 이를 '배트맨 효과'라고 부른다.[2]

대체 자아는 어린아이들에게서만 효과를 발휘하지 않는다. 연구에 따르면, 자신에게서 거리를 두면 불안과 걱정을 잊을 수 있고 맡은 일에 대한 통제력과 자신감이 상승한다. 다시 말해 또 다른 자아를 이용해 자신과 거리를 두면 자기효능감이 올라간다.

유명한 스타들도 대체 자아의 이점을 경험했다. 비욘세는 직접 만든 대체 자아, 사샤 피어스(Sasha Fierce)가 "자신감을 높이고 퍼포먼스 실력을 키워준다"라고 했고, 스파이스 걸스의 멤버였던 빅토리아 베컴(Victoria Beckham)은 포시 스파이스(Posh Spice)라는 애칭을 통해 "내면의 자신감과 자신에 대한 믿음"을 빠르게 되찾을 수 있었다고 말한다. 또 초라하고 불안하던 어린 시절에서 도망치고 싶었던 유명 할리우드 배우도 있었다. 바로 케리 그랜트(Cary Grant)라는 화려한 대체 자아를 통해 우리가 기억하는 잘생기고 세련된 배우의 삶을 산 아치볼드 앨릭 리치(Archibald Alec Leach)의 이야기다. 『알터 에고 이펙트』를 쓴 토드 허먼(Todd Herman)은 세상을 떠난 이 배우의 말을 인용해 대체 자아가 지닌 힘을 전한다. "나는 내가 되고 싶은 사람인 척하다가 그런 사람이 됐습니다. 아니면 그 사람이 내가 됐을 수도 있고요. 아니면 우리가 어떤 지점에서 만났을 수도 있죠." 토드는 우리가 진심으로 대체 자아가 된 것처럼 연기하고 행동하고 생각하면 필요한 것들을 흡수해 더 뛰어나고 효율적인 자신이 될 수 있다고 말한다.

대담한 행동 대체 자아를 한번 만들어본 후 자신감을 키워야 할 일이 생길 때 써보자. 옷장을 뒤져서 슈퍼히어로 망토나 황금 팔찌를 만드는 것도 좋다. 나는 지난 5년 동안 사랑하는 (그리고 대담한!) 친구가 선물해 준 원더우먼 펜던트를 목에 걸고 내가 긍정적이고 강한 사람이라는 사실을 매일 떠올렸다. 친구는 내가 대담함을 끌어올려야 했을 때 자신의 목에서 이 목걸이를 풀어 나에게 건넸다. 나 역시 수많은 친구에게 똑같은 목걸이를 선물했다. '배트맨 효과'를 퍼뜨리는 나만의 방법이다.

7. 내면에 귀 기울여라

TEDx 벅헤드(미국 조지아 주의 도시—옮긴이) 운영자에게 강연 요청을 받았을 때 나는 이 행운에 감격하면서도 너무 무서웠다.

나는 대중 앞에서 이야기할 때 심하게 불안에 떤다. 처음 만나는 사람에게도 몇 분 만에 일과 삶에 관한 사적인 질문을 과감하게 던지고 내 '습관과 노력' 팟캐스트에도 유명인이나 대단한 과학자들을 모셔서 몇 시간 동안 얼굴을 붉히지 않고 이야기할 수 있지만 청중이 있는 무대에만 올라가면, 청중이 스무 명이든 천 명이든 상관없이 불안과 나에 대한 의심으로 몸이 굳는다. 그런 내가 TEDx 토크에서 강연이라니, 생각만 해도 불안해서 제안을 거절했다.

내가 마음속으로 쏟아낸 부정적인 이야기는 이런 식이었다.

'네가 뭐라고 TEDx에서 강연을 해? 너는 사람들 앞에만 서면 엄청나게 긴장하잖아! 다 망치고 말 거야! 게다가 사람들 앞에서 펼쳐놓을 만한 중요하거나 흥미로운 이야깃거리가 있기나 하니?'

그러다 생각을 멈췄다. 다른 목소리가 끼어들었다.

'당연히 중요하고 흥미로운 이야깃거리가 있지! 그러니까 그 사람들이 전화한 거잖아. 넌 지금 실패할까 봐 두려워서 하고 싶은 걸 안 하려는 거야. 넌 할 수 있어!'

'절대 안 돼'에서 '그래요, 할게요'로 방향을 바꾸기 위해, 나는 자신감을 끌어올리고 부정적인 혼잣말을 몰아내고 싶을 때 쓰는 대담함 도구를 끌고 왔다. 이 도구는 '말하면 믿게 된다'와 '배트맨 효과'를 결합한 것으로 이걸 사용하면 자기효능감이 두

배로 올라간다.

『채터, 당신 안의 훼방꾼』을 쓴(그리고 '배트맨 효과'를 연구하기도 한) 이선 크로스(Ethan Cross) 박사는 자신을 의심하는 내면의 목소리가 끊이지 않거나, 과감하게 행동했을 때 어떤 (끔찍한) 결과가 나올지 계속 곱씹게 될 때 흐름을 바꿔 마음속 목소리를 생산적으로 사용할 수 있다고 말한다.

크로스는 '원거리 속삭임'을 시도해 보라고 권한다. 내면의 수다쟁이에게 코치나 좋은 친구처럼 우리 능력을 북돋우는 우리만의 대체 자아를 심어둔다. 그럼 그 수다쟁이가 우리에게 필요한 조언이나 격려의 말을 해준다. 내가 심은 대체 자아는 이렇게 말했다.

'제니퍼, 넌 할 수 있어. 정말이야! 이 강연은 사람들의 삶을 변화시킬 수 있는 아주 중요한 이야기를 전하게 될 거야! 게다가 최악의 상황이 뭐겠어? 단 한 사람이라도 네 메시지를 통해 실패에 대한 두려움을 극복하고 원하는 것을 얻기 위해 대담하게 움직인다면 그걸로 충분해! 넌 네 일을 한 거야. 그런 조언을 너보다 잘 전달할 사람은 절대 없어!'

그걸로 충분했다. 내 내면의 수다쟁이(대체 자아)는 나에게 최고의 조언을 해주었고 조언은 효과를 발휘했다. 나는 운영자에게 전화를 걸어 강연 제안을 받아들이겠다고 말했다. 그리고 강연 무대에 올랐다!

그렇다고 TEDx 강연이 쉬웠을까? 전혀. 태어나서 그렇게 긴장한 건 처음이었다. 내 강연 영상을 본다면 내가 얼마나 긴장했는지 알 수 있을 것이다. 한번은 긴장감으로 입이 바짝 말라서 잠시 녹화를 멈추고 물을 마셔도 되겠냐고 요청하기까지 했다. 연사들은 무대에 메모를 가져갈 수 없었는데 나는 중요한 걸 잊어버릴까 봐 너무 걱정돼서 손바닥에 글씨를 써 갔다. 자세히 보면 보일 것이다. 그렇게 커닝 페이퍼까지 준비했는데도 2분 가까운 분량을 잊어버리고 말았다!

이름이 주는 무게감 때문인지 내가 해본 강연 중 가장 힘들었다. 세련된 강의였냐고? 아니. 더듬고 헤맸을까? 그렇다. 하지만 무사히 마쳤다. 강연하는 내내 나를 다독이는 내면의 대담한 목소리에 귀 기울인 덕분이다. 그 목소리는 나만의 조언을 받아들여 두려움을 이기고 계속 가라고 나를 설득했다. '제니퍼! 네 메시지는 강하고 진실해! 무서워할 이유가 없어! 설사 무섭다고 해도 괜찮아! 그렇다고 멈출 필요는 없어!'

강연이 끝나고 청중들이 박수를 보내고 더 많은 걸 알고 싶다고 했을 때, 유튜브 조회수가 100만을 넘고 200만, 300만을 넘어

계속 올라갈 때, 내면에서 속삭이던 대담한 목소리에 귀 기울이
길 잘했다는 생각이 들었다.

대담한 행동 다음에도 두려움과 자기 의심으로 과감하게 움직
이는 것이 꺼려진다면 내면의 소리를 주의 깊게 들어라. 내면의
수다쟁이에게 대체 자아를 슬며시 집어넣은 후 무슨 일이 일어
나는지 지켜보자. 핸드폰에 음성 메모 기능이 있으면 그걸 활용
해 연습하는 것도 좋다. 우선 마음속의 부정적인 목소리를 말하
며 이를 녹음한다. 마음에 담아두지 말고 모두 쏟아낸다. 그리
고 녹음한 걸 다시 들어보되 과감한 대체 자아가 받아칠 수 있
게 준비해 둔다. 녹음한 음성을 재생하다가 간간이 멈추고 두려
움에 과감하게 답한다. 이때도 주저하면 안 된다! 눈이 번쩍 뜨
이는(귀가 활짝 열리는) 경험을 하게 될 것이다.

8. 정반대로 행동해라

나는 「사인펠드(Seinfeld)」(1989~1998년까지 NBC에서 방영한 시트콤
으로 사인펠드와 세 친구들의 일상을 코믹하게 그렸다—옮긴이)에서 조
지 코스탄자가 뭐든 '정반대'로 하는 힘을 발견하는 '정반대(The
Opposite)'라는 제목의 에피소드를 가장 좋아한다. 조지는 자기
말대로 대머리에 직장도 없고 돈도 없어 부모님이랑 사는 남자

다. 조지는 이렇게 한탄한다. "내 인생은 말이야. 내가 바라는 것과는 완전히 정반대야." 조지는 패배자 인생을 집어치우고 싶은 생각에(제리의 부추김도 있었고) 자신의 '정반대' 철학을 실천하기로 하고 평소와는 180도 다르게 행동한다. 에피소드 끝에서 조지는 아름다운 여자 친구와 새 아파트를 얻고 뉴욕 양키스에서 일하게 된다. 대체 조지 코스탄자가 어떻게 양키스에서 일자리를 잡았을까? 조지는 면접에서 평상시에 할 법한 대답과 정반대로 말했다. 구단주 조지 스타인브레너(George Steinbrenner)에게 잘 보이려고 안간힘을 쓰기는커녕 그를 인정사정없이 비난했다. 그런데 그 방법이 통했다! 스타인브레너는 그런 대접을 좋아했고 조지는 일자리를 얻었다.

면접 장소에서 미래의 고용주를 혼쭐내라는 게 아니다. 다른 사람한테도 그러면 안 된다. 하지만 「사인펠드」의 이 에피소드를 따라 '조지 코스탄자 효과'라는 이름이 붙은 이론대로 평소에 하던 걸 완전히 반대로 해볼 것을 권한다. 대체 자아를 어느 정도 동원해야겠지만 효과가 있다! 바에서 아무리 귀여운 여성을 봐도 절대 접근하지 않는 사람이라면? 한번 바꿔보자. 노래방에서 절대 나서서 노래를 부르지 않는 사람이라면? 노래책을 집어 들자. 개를 싫어한다고? 강아지 키우는 친구에게 근처 강아지 공원에 강아지를 데려가겠다고 해보자(여기 가면 개가 좋아질 수밖에 없을 것이다). 책상이 허리케인이 지나간 것처럼 늘 지저분한가? 30분 정도 시간을 들여 치워보자.

늘 하던 행동을 바꿔서 하면 예상하지 못한 (그리고 긍정적인) 결과가 나올 수 있다. 연구에 따르면, 오래된 생활 습관을 깨고 새로운 방식 혹은 평소와는 전혀 다른 방식을 시도하면 두뇌가 자극을 받아 새로운 길을 만든다. 그리고 새로운 방식을 찾아내고 그 방식으로 성공하면 자기효능감이 올라간다.

그러다 보면 새로운 습관이 자리 잡을 수도 있다. 새 연인, 복슬복슬한 반려동물, 깨끗한 책상이 따라올 수도 있다. 물론 여전히 노래방이 싫을 수도 있지만 한계에 도전했다는 것이 중요하다. 그렇게 대담함 근육이 풀린다.

대담한 행동 최신 유행하는 틱톡 댄스를 볼 때마다 미간에 주름이 잡히는가? 이제 '정반대'로 그 춤을 배워서 직접 추고 SNS에 올려보자! 나(@therealjencohen)와 공유하는 것도 잊지 마시길!

변화

작은 것부터 시작하자.
조금씩 두려움에 대한 면역력을 키워
매번 더 큰 두려움과 맞서보자.
두려움 앞에 자신을 드러낼수록 점점 더 대담해질 것이다.

1970~1980년대에 자란 나는 맞벌이 부모를 둔 많은 아이와 마찬가지로 '현관 열쇠' 세대였다. 학교 끝난 후 빈 집에 혼자 들어가면 마음대로 할 수 있는 자유가 있었지만 많은 일을 스스로 해야 하기도 했다.

엄마가 정규 시간 동안 근무했기 때문에 나는 매일 엄마보다 일찍 집에 도착해 혼자 있었다. 숙제와 집안일을 다 하기 전에는 「브래디 번치(The Brady Bunch)」(재혼으로 이루어진 대가족 이야기를 코믹하게 그린 1970년대 미국 시트콤—옮긴이)를 볼 수 없었다. 숙제가 어려우면 친구한테 전화해서 도움을 요청하거나 엄마가 볼 수 있게 쪽지를 써두고 그 혹독한 위니펙의 겨울에 날이 아무리 춥고 어두워도 책가방을 메고 친구네 집까지 걸어갔다.

내 대담함은 절박함에서 자라나기도 했지만 매일 빈집의 문을 열고 들어가 스스로 할 일을 하면서 확실히 더 강해졌다. 나를 사랑하고 전적으로 응원하는 부모님 두 분이 있었지만 나 역시 필요한 것을 얻기 위해 열심히 일하려는 태도를 키웠다. 부모님에게 내가 책임감도 강하고 스스로를 챙길 수 있다는 걸 보여줄 기회가 많았고 그래서 어릴 때부터 원하는 것을 좇을 자유를 얻을 수 있었다.

대담한 세대에게 배우는 교훈

내가 속한 X세대의 가정교육은 내 대담함과 끈질김에 연료를 공급했고 이는 내 친구들에게도 마찬가지였다. X세대는 부모 없이 혼자서 아니면 친구들끼리 걷고 자전거를 타고 대중교통을 이용했다. 우리는 직접 친구들을 만나 놀거나 쇼핑몰에 갈 계획을 세우고 그때 쓸 용돈을 벌었다.

부모님들이 우리에게 신경 쓰지 않은 것은 아니다. 그저 아이들의 생활을 일일이 들여다보지 않아도 된다고 생각했을 뿐이다. 우리는 혼자 시간을 보내며 자신을 알아갔고 일상을 챙기며 독립심을 길렀다. 그 과정에서 일어나는 문제와 상황에 적응하면서 방법을 찾아나갔고 그렇게 자기효능감과 자신감이 커졌다. 우리는 계산된 위험을 받아들이는 데 익숙했고 보상을 얻고 어려움에 대처하면서 힘을 키웠다. 실패하면 다시 일어나서 바로 한계에 도전했다.

1964년부터 1981년 사이에 태어난 아이들이 한 일을 살펴보면 대담함에 관한 교훈을 얻을 수 있다. 물론 X세대 이전과 이후에도 획기적인 사고와 행동으로 세상을 바꾼 사람들이 있었지만 우리 세대의 창의성과 개성은 특히 눈여겨볼 만하다.

우리 세대에는 다양한 분야에 걸친 혁신가와 기업가가 많다. 일론 머스크(Elon Musk, 테슬라, 스페이스X), 사라 블레이클리(Sara Blakely, 스팽스(Spanx)), 래리 페이지(Larry Page)와 세르게이 브린(Sergey Brin, 구글), 자베드 카림(Jawed Karim), 스티브 천(Steve Chen), 채드 헐리(Chad Hurley, 유튜브), 셰릴 샌드버그(Sheryl Sandberg, 메타(Meta), 린인(LeanIn.org) 창립자), 잭 도시(Jack Dorsey, 트위터와 스퀘어(Square, 잭 도시가 설립한 핀테크 기업—옮긴이)), 지미 웨

일스(Jimmy Wales)와 래리 생거(Larry Sanger, 위키피디아), 제프 베이조스(Jeff Bezos, 아마존과 블루 오리진(Blue Origin, 제프 베이조스가 설립한 우주 탐사 기업—옮긴이)) 등 무궁무진하다. 브레네 브라운(Brené Brown, 취약성과 수치심 등을 연구해 온 교수이자 작가—옮긴이), J.K. 롤링(J.K. Rowling) 같은 혁신적인 작가, 린마누엘 미란다(Lin-Manuel Miranda, 미국의 뮤지컬 작사가, 배우, 감독—옮긴이), 제니퍼 로페즈(Jennifer Lopez), 메리 블라이지(Mary J. Blige, 미국 힙합 가수—옮긴이) 같은 놀랍도록 다양한 음악가, 그리고 타이거 우즈(Tiger Woods), 톰 브레이디(Tom Brady, 미국 미식축구 선수—옮긴이), 윌리엄스(Williams) 자매처럼 장벽과 기록을 부순 운동선수들도 있다.

X세대를 연구한 사람들은 우리 세대가 독립적으로 자랐기 때문에 대단한 일들을 할 수 있었다고 생각한다. 우리는 스스로 문제를 해결할 방법을 찾아야 했고 잘 안 되면 다시 방법을 찾아야 했다. 어떤 이들은 우리가 이런 집요함과 용기 덕에 문제를 해결하는 데 필요한 상품과 서비스를 성공적으로 시작할 수 있었다고 말한다. 우리는 이런 개성과 '스스로 할 수 있다'는 태도로 다른 사람들의 개입 없이 원하는 것을 얻었다. 크지 않은 위험을 감수할 때는 허락을 구하지 않아도 됐다. 그런 습관은 어른이 되어서 문제를 해결하고 일을 진행할 때도 계속 유지된

다. 물론 실패도 한다. 나 역시 그랬다. (위에 열거한 사람들도 모두 여러 번 실패했다!) 우리는 상처받았고 무너졌고 심하게 넘어졌다. 하지만 바로 다시 일어났고 실패에서 배웠다. 우리는 수필가이자 전 옵션 트레이더 및 위험 분석가인 나심 니콜라스 탈레브(Nassim Nicholas Taleb)가 말하는 '앤티프래절(antifragile)'이다.

탈레브에 따르면 앤티프래절은 "충격에서 이득을 얻고, 변동성, 무작위성, 무질서, 스트레스 요인, 사랑의 모험, 위험, 불확실성에 시달릴 때 발전하고 성장한다". 탈레브는 "앤티프래절이라는 특성은 회복탄력성과 강인함을 넘어선다"라고 주장한다. 우리는 '충격'을 경험한 후 단순히 회복하는 것이 아니라 더 발전한다.

오늘날 아동과 청소년 세대는 '안전주의'(그레그 루키아노프(Greg Lukianoff)와 조너선 하이트(Jonathan Haidt)가 『나쁜 교육: 덜 너그러운 세대와 편협한 사회는 어떻게 만들어지는가』에서 사용해 널리 쓰이게 된 용어) 문화에서 헬리콥터 육아 방식으로 자랐기 때문에 앤티프래절의 혜택을 얻지 못했다. 실패로 인해 실망할 일이 없도록 모두가 칭송받고, 트리거 워닝(trigger warning, 어떤 매체의 소재나 주제가 심리적 외상을 지닌 사람들에게 위험할 수 있다고 미리 경고 문구를 삽입하는 것―옮긴이)과 '미묘한 차별'(microaggression, 의도적이지 않더라도 일상생활에서 미세하게 발생하는 다양한 차별—옮긴이)이 절대 상처받거나 기분이 나쁘면 안 된다는 의미를 지니고, 모든 자유 시간이 탄탄한 활동으로 꽉 짜인 세상에서는 위험을 감수할 일이 없다. 뼈가 부러질 일도 없다. 이런 아이들은 연약한 상태로 남는다.

하지만 일이 마음대로 되지 않을 때, 성공이 쉽게 찾아오지 않을 때, 위험을 감수하면 돌아올 이익이 얼마나 될지 예측하기 힘들고 시도하는 것조차 너무 겁이 날 때 삶이 던지는 도전에서 살아남을 힘을 기르지 않으면 대담하게 원하는 것을 얻을 수 없다.

마음과 몸과 감정이 다치거나 모욕을 느끼지 않도록 자신을 보호하는 것을 가장 우선시하면 성장할 수 없다. 보호막으로 자신을 감쌌다고 생각하겠지만 이 안전망은 거미줄처럼 자신을 가둔다. 부족하더라도 그럭저럭 괜찮은 것도 상처받거나 두려워할 일이 없으니 괜찮다고 생각하는 당신은 모자란 삶을 받아들인 것이다.

'자기 수용'이란 용어를 들어봤을 것이다. 한계를 받아들이고 자신을 있는 그대로 받아들이라는 이야기에서 많이 나온다. 어떤 일을 겪고 있는지에 따라, 특히 자신이 통제할 수 없는 강력한 외부 요인에 영향을 받고 있다면 그런 태도가 건강할 수도 있다. '이봐, 이게 현실이야. 어떻게든 헤쳐나가야 해.' 하지만…… 우리는 때로, 특히 원하는 것이 너무 멀어 보일 때 그 개념을 너무 멀리까지 끌고 가려고 한다. '이게 현실이야. 더 좋아질 일은 결코 없을 거야.' '자기 수용'은 자신의 나약함이나 어려움을 내세워 원하는 목표를 포기하고 시도조차 하지 않으려는 핑계가 된다.

나에게 자기 수용이란 자신의 나약함과 어려움을 방해물이 아닌 앞으로 나아갈 동기로 받아들인다는 뜻이다. 내 문제를 이용해서 더 크고 더 좋은 것을 얻기 위해 더 노력한다는 뜻이다. 내 세계에서 평범함, 나약함, 시련은 현실에 머무르기 위한 핑계가 아니다. 내 세계에서 '패배자'가 되도 좋다는 허가는 절대 나오지 않는다. 당연히 패배자는 트로피를 얻지 못한다. 더 크고 더 멋지고 더 대담한 세상에서는 무엇도 원하는 것을 좇지 못하게 막지 않는다.

X세대가 대담함의 여정을 남들보다 일찍 시작했을 수는 있지만 사실 언제 태어났는지는 중요하지 않다. 자신을 인식하기에 늦은 시간이란 없다. 자신의 약점이 무엇인지, 무엇이 부정적 감정을 일으키는 '방아쇠' 역할을 하는지, 어떤 일에 상처받는지, 언제 실망하고 좌절하는지 알아두자. 그리고 그것들을 밀어내자. 뒤에 숨으면 안 된다. 부정적 요소들에 자신의 운명을 맡

겨서도 안 된다. 자신을 알면 알수록 성공 기회도 높아진다. 자기 인식은 자기 수용으로, 자기 수용은 대담함으로 이어진다.

대담함 리셋하기

두려움은 대담함을 죽인다. 하지만 우리에게는 모두 거절, 실패, 수치에 대한 두려움이 있다. 나는 두려움의 뿌리인 자기 회의감을 아주 어릴 때부터 겪었다. 어설프고 덜렁대는 성격이었던 데다가 머리가 좋지 않았다는 건 이미 이야기했다. 하지만 아주 일찍부터 나의 약점을 수용해 장점으로 활용했고 이는 삶을 보는, 또 삶에서 내가 얻을 수 있는 것을 보는 관점을 바꾸는 연습이 됐다는 것도 이야기했다.

당연히 시간이 걸린다. 어느 날 낮잠 한숨 자고 일어났더니 두려움 많은 성격이 대담한 성격으로 바뀌는 일은 없다. 하지만 지금 당장 시작할 수는 있다. 다음에 제시하는 아이디어로 '두뇌 이식'을 단행해라. 그냥 두뇌가 아닌 대담한 두뇌로!

1. 두려움에게 비키라고 말해라

자신에 대한 믿음이 대담함의 기반이다. 일단 그 믿음을 잘

깔아두면 자신에 대한 의심, 틀에 갇힌 생각, 발목을 잡는 두려움과 변명은 자연스럽게 떨어져 나간다.

자신에게 이 질문을 던지자. 두려움이 없다면 지금부터 1년 후 어디에 있을까? 나에 대한 믿음에 한계를 두고 거기에 붙잡히지 않는다면 지금부터 5년 후 어디에 있게 될까? 앞으로 나아가는 유일한 방법은 두려움을 버리는 것이고 그러려면 행동해야 한다. 그 행동은 앞에서 설명한 변명 같은 자기 수용과는 정반대의 성격을 띤다.

물론 쉽지 않다. 모두 다 같은 과정을 거쳐 가는 것도 아니다. 하지만 과감한 행동은, 처음에는 아무리 사소하더라도, 자신을 의심하는 마음과 그와 쌍으로 나타나는 실패에 대한 두려움을 없애는 최고의 해독제가 된다. 반대로 그냥 가만히 있는 선택은 두려워하는 것보다 훨씬 해로운 결과를 가져온다.

임상 인지행동 심리학자인 수마 찬드(Suma Chand) 박사는 두려움과 불안이 우리를 옥죄어 전진하지 못하게 한다고 말한다. 그래서 정말 끔찍하고 무능력한 기분이 드는 것이다. "두려움은 먹이를 줄수록 강해집니다. 시간이 지나면 두려움 자체보다도 두려움이 주는 불편한 감정을 피하게 되죠. 두려운 마음이 드는 것들을 피하면 안전하고 편안하다고 느끼고 이 안전한 고치의 편안함을 뒤흔드는 것은 하고 싶지 않게 돼요." 이런 안전한 감각을 위해 "정말 원하는 방식대로 삶을 살아가는 자유라는 값비싼 대가를 치른다"라고 찬드는 말한다.[3]

해결할 수 없는 문제가 아니다. 연구원들은 두려워하는 대상을 계획적으로 마주하는 것이 두려움을 이기는 최고의 방법임을 찾아냈다. 다시 말해 두려움에 감금되지 않고 두려움 앞에 자신을 드러내는 것이다. 두려움 앞에 똑바로 서라. 아니면 그 옆에 앉아라. 아니면 전화를 걸어라. 어떻게 맞서는지는 중요하지 않다. 무조건 제대로 맞서야 한다. 그러면 두려움이 물러날 것이다.

작은 것부터 시작하자. 아주 작은 두려움부터. 아주 작은 거미를 치워보자. 앙증맞은 물방울무늬 비키니를 입어보자. 다가가기 어려웠던 사람에게 작은 부탁을 해보자. 조금씩 두려움에 대한 면역력을 키워 매번 더 큰 두려움과 맞서보자. 두려움 앞에 자신을 드러낼수록 점점 강해지고 자신감이 커질 것이다. 당신은 점점 더 대담해질 것이다.

나는 지금도 대중 강연 같은 두려운 일은 어떻게 해서든 피하려고 한다. 다들 그렇듯 많은 것이 걸린 '중요한 일'을 대하면 나 역시 겁을 먹는다. 하지만 두려움을 정면으로 마주함으로써 두려운 감정을 제압하고 중화하는 능력을 키운다. 망칠까 봐 두려운 마음에 비정상적으로 똑똑한 MIT 학생들과 교수진 앞에서 웃음거리가 되거나, 팟캐스트에 출연한 게스트를 인터뷰하면서 더듬거리기는 싫다(보통은 이들의 명석함에 입이 헤벌어질 때가 많다).

하지만 요즘은 반복적으로 두려움에 맞서다 보니 걱정이 점점 줄었다. 내 팟캐스트 방송에서 나는 거의 매일 사람들을 인터뷰해야 한다. 그 덕분에 이제는 두렵다는 생각이 거의 들지 않을 만큼 자연스럽고 편안해졌다. 대중 강연은 그저 연습해야 한다. 아주 많이! 그래서 그렇게 한다. 포기는 하지 않는다. 한 번 성취할 때마다 나를 붙들던 과거를 지나 반대쪽에서 내가 원하는 것을 얻는다는 짜릿함에 더욱 대담해진다. 멋진 팟캐스트 방송이 만들어지거나 열혈 청취자가 질문을 쏟아내면 내 메시지가 사람들에게 도달했다는 의미고 그것이 바로 내가 원하는 바다!

2. 자신에 대한 의심을 버려라

당신은 무엇이 두려운가? 안전함을 느끼기 위해 무엇을 회피하는가? 급여 인상을 요청할 자격이 있는데도 안 된다는 대답을 들을까 두렵고 회사에서 가치를 인정받지 못할 것 같아 요구하지 못하는가? 친구가 자신을 부당하게 대하는데도 친구를 잃을까 봐 이야기하지 못하는가? 나약하다는 소리를 들을까 봐 도움을 요청하지 못하는가? 사람들이 당신의 외모를 평가할까 봐 체육관에 가지 못하는가? 삶이 개선될 수 있는데도 하지 않고 피하는 것이 있는가?

삶을 개선할 수 있는데도 불편하다는 이유로 회피하는 행동은 삶의 질을 크게 떨어뜨린다. 어느 시점이 되면 무엇을 잃었는지조차 모르게 된다. 높은 곳에서 도시를 내려다보는 재미를 알기 위해 고소공포증을 이겨내고 비행기에서 뛰어내리라는 말이 아니다. 매일 조금씩 틀을 벗어나라는 말이다. 우리에게 가장 해로운 것은 매일 어깨를 톡톡 건드리는 사소한 두려움이지 엄마 회색곰과 새끼 곰들에게 둘러싸일지 모른다는 두려움이 아니다. '그 프로젝트 맡지 마, 넌 감당하지 못해……. 그거 입지 마, 늙어 보여……. 거기 놀러 가지 마. 안 가본 데잖아……. 물어보지 마. 안 된다고 할 거야…….'

두려움은 우리의 친구가 아니다. 사람들이 종종 생각하듯 우리의 안전을 지켜주기 위해 생기는 마음이 아니다(물론 안전에 도움이 될 때도 있다. 엄마 곰과 새끼 곰 사이에 끼어들면 절대 안 된다). 거절, 실패, 부끄러움, 무능력에 대한 모든 두려움은 더 크고 더 멋지고 더 대담한 삶을 가로막는다. 그리고 이 모든 두려움을 일으키는 공통 원인은 바로 자신을 의심하는 마음이다.

이런 자기 의심은 우리가 개떡 같은 직장에 붙어 있거나 응당한 돈을 벌지 못하는 이유다. '나는 별다른 재능이 없어.'

자기 의심은 우리가 원치 않는 관계에 붙들려 있거나 아예 혼자인 이유다. '나랑 있고 싶은 사람은 없을 거야.'

자기 의심은 우리가 신체를 돌보지 않는 이유다. '나는 의지가 약해서 운동 계획을 지키지 못해. 게다가 건강하게 먹는 법도 몰라.'

자기 의심은 창의성을 세상에 펼치지 않는 이유다. '내가 배우, 화가, 작가, 음악가로 먹고살 수 있겠어……. 나보다 잘하는 사람이 얼마나 많은데.'

자기 의심은 우리가 직업적 목표, 인간관계, 자기 관리, 창조적인 열정, 그 밖의 수많은 분야에서 우리가 원하는 것을 얻으려고 행동하지 않는 이유다. 자기 의심은 기회가 생길 때마다 반복적으로 재생되는 것처럼 보인다. 당신의 의심 테이프에서는 어떤 말이 나오는가? 꿈에 그리던 풍요로운 삶을 향한 변화와 전진을 가로막는 것은 무엇인가? 원칙 3 '믿음'에서 배운 기술을 써서 자신을 의심하는 마음을 버리고 나머지 원칙을 실천하며 더 많은 조언에 귀 기울이자.

3. 짐은 버리고 여행 가방을 챙겨라

내 친구 타마는 내가 만난 사람 중 가장 크고 멋지고 대담한 삶의 태도를 지니고 있다. 그녀는 암과 싸운 지 꽤 됐는데 치료를 받으면서 정규 시간 근무도 한다. 그러다가 몇 년 전 딸도 다른 암을 진단받았다. 타마는 LA에 살고 딸은 뉴욕에 살았는데, 타마는 2주에 한 번씩 항암 치료가 끝난 후 비행기를 타고 날아가 딸 카일라의 치료를 돕고 곁을 지켰다. 주기적으로 대륙을 가로질러 날아가는 건 건강한 사람에게도 힘든 일이다. 하지만 타마는 딸 곁에 있고 싶었고 암이 아니라 그 어떤 것도 그 마음을 막지 못했다. 타마는 딸과 함께 소중한 시간을 보내고 싶다는 마음을 좇았고 원하는 것을 얻었다.

한동안 연락이 뜸하다가 오랜만에 전화했더니 타마는 카일라가 결국 암과 싸우다 지고 말았다는 소식을 전했다. 나는 큰 충격을 받아서 어떻게 아무렇지 않게 전화를 받고, 나에게 그런 이야기를 전하면서도…… 무너지지 않을 수 있는지 물었다.

"왜 전화를 안 받아? 모든 것이 가능한데." 친구와 대화를 나누는 것 역시 마찬가지였다. 아무리 어두운 시기라도 가능성은 있고 삶은 기회로 가득하다는 그 생각이 대담하게 삶을 살아가는 타마의 태도를 한마디로 보여준다. 타마는 딸을 잃은 슬픔으로 마음이 무너지지만 "현실이 엉망이고 더럽고 슬플 때조차 좋은 면은 있어. 우리는 좋은 쪽을 볼 수도 있고 엉망인 쪽을 볼 수도 있잖아. 나는 좋은 쪽을 보기로 했어"라고 말한다. 그래서 참고 견딘다.

타마는 항암 치료를 받으러 갈 때 멋진 옷을 차려입고 강렬한 분홍색 코트를 걸친다. '윽, 이게 뭐야. 항암 치료 받으러 가는데 이런 옷이라니……' 같은 생각은 하지 않는다. 오히려 '치료받는 날이네. 병원 주인인 양 당당하게 걸어야지!'라고 생각한다. (배트맨 효과가 여기에서도 나타난다. 각자 자신만의 분홍 코트를 입고 길을 나서보자. 자신감과 희망이 솟을 것이다.)

타마는 쳇바퀴 돌듯 사는 것과 춤추듯 사는 것은 한 끗 차이라고 말한다. 그녀는 매일 암이 악화될까 불안해하고 카일라를 잃은 슬픔을 느끼지만 반복된 삶에 지쳐 다른 사람이나 사건을 탓하고 에너지를 낭비하기보다는 리듬을 타기로, 상황을 바꾸기 위해 최선을 다하기로 마음먹었다. 딸의 운명과 자신의 병을 되돌릴 수는 없지만 계속 앞으로 나아갈 수는 있다.

아무것도 하지 않을 때, 그저 앉아서 주어진 삶을 받아들일 때, 손가락으로 다른 쪽을 가리키며 변명할 때 우리는 지루한 일상에 갇힌다고 타마는 말한다. 하지만 원하는 것을 얻기 위해 행동할 때, 그것이 걸음마 수준의 움직임이라도, 틀에 박힌 생활을 해독하는 정반대 효과가 나타난다. 또한 행동할 때, 특히 장애물을 이겨내기 위해 행동할 때 우리는 빠르게 대담해질 수 있다.

"난 그렇게 강하지 않아." 내가 그녀의 힘과 용기를 칭찬하자 타마가 말했다. "난 그저 짐을 내려놓기로 한 거야." 짐이란 후회스러운 과거와 해로운 관계, 상황에 매달리는 것을 말한다. 무엇이 잘못됐는지, 앞으로 무엇이 잘못될지 계속 생각하는 것이다. 타마는 다른 걸 들고 떠나자고 제안한다.

"삶을 두려워하지 않는 사람은 '여행 가방'을 들고 다녀." 여행 가방은 멀리 모험을 떠날 때 꼭 필요한 것만 넣어 들고 가는 가방이다. 그 가방은 가볍고, 가능성으로 가득하다. 하지만 짐은 우리를 짓누르고 목적도 없이 앞길을 가로막는다. 우리는 여름 해변에 놀러 갈 때 겨울 코트를 싸지 않는다. 그걸 어디에 쓰겠는가? 무겁기만 해서 발걸음을 늦추고 시간이 갈수록 더 무거워지는 짐을 왜 이고 다니는가? 모든 짐을 내려놓아라.

직원들을 형편없이 대하던 옛 사장님? 새 직장에 출근할 때는 그 사장을 잊어라. 가슴을 갈가리 찢어놓았던 옛 여자 친구? 새로운 데이트를 시작할 때 그 여자는 잊어라. 주식시장에서 돈을 잃었는가? 그 일은 잊고 미래에 투자해라. '살아라.'

"암에 걸렸지만 삶을 살아갈 수 있어서 감사해. 매일 가볍게 여행하고 두려움 없이 살아가겠다고 결심하지." 타마의 말이다.

당신은 어떤 걸 끌고 다니는가? 짐 가방을 열어 발목을 잡아끄는 것, 특히 자신을 짓누르는 사람, 경험, 자신에 대한 의심, 두려움을 꺼내서 버려라.

• 짐 vs 여행 가방

짐	여행 가방
부정적	긍정적
과거로 우리를 끌고 감	어딘가로 떠남
과거에 살고 있음	과거에서 배움
여행에 방해됨	미래를 지향함
기본적	호화로움
필요한 것	중요한 것

그럭저럭 사는 사람과 매일 나은 삶을 사는 사람의 결정적 차이

4. 환경을 바꾸고 두뇌를 바꿔라

차를 끌고 항상 가던 길로 퇴근하고 있다고 상상해 보자. 머릿속에 여러 가지 생각이 들 것이다. 최근 새로 온 상사에게 몇 시간 전에 들은 잔소리 때문에 화가 난다. 잘난 체가 심하고 내 아이디어를 무시하는 것이 어릴 때 듣던 짜증 나는 아빠 말투랑 똑같다. 일하는 방식이 다르고 10년 넘게 이 회사에서 일해서 웬만한 건 다 아는 내 의견을 귀담아듣지 않는다. 새 상사가 온 순간 지금까지 들인 내 모든 노력과 헌신이 물거품이 된 것 같다. 다음에도 그렇게 나를 무시하면 한마디 해볼까? 아니면 몇 년 전 다른 멍청이 상사가 왔을 때처럼 그의 신뢰를 얻기 위해 또 공을 들여야 할까? 믿을 수 없을 만큼 화가 난다…….

차가 진입로에 들어선다. '언제 여기까지 왔지?'

다른 생각에 정신이 팔려 운전하는 길에 집중하지 못했는데도 어찌어찌 안전하게 집에 도착했다. 자동조종장치라도 달린 것처럼. 당신은 진입로에 들어서는 차에 앉아 운전대를 잡고 이곳까지 데려다준 무의식에 감사한다.

매일 하는 행동이나 주기적인 습관, 일상은 보통 의식할 필요가 없다. 이를테면 나는 이 닦는 방법을 골똘히 생각하지 않는다. 그저 움직임을 이어가며 다른 생각을 한다. 걸음걸이에 집중하지 않고 그냥 걷는다. 자전거를 어떻게 타는지 생각하지 않고 그냥 탄다. 어떤 행동이 제2의 천성이 되면 우리는 의식을 동원하거나 깊이 생각하지 않고도 그 일을 할 수 있다.

무의식은 의식과 협력해 의식이 새 임무에 집중할 수 있게 한다. 나는 이 문장을 쓰면서 노트북 자판의 각 글자가 어디에 있는지 의식적으로 생각하지 않는다. 내 의식은 무엇을 쓸지에 집중하고, 이 일은 자판을 치는 것보다 두뇌를 더 써야 하는 어려운 일이다. 그리고 내가 쓰는 글은 운전하거나 걷거나 머리 감을 때 곰곰이 생각해 본 내용일 가능성이 크다. 사실 내 창조적인 생각은 보통 자동으로 무언가를 하고 있어서 마음이 자유롭게 떠돌 때 나오는 경우가 많다(도로는 신경 쓰면서 달리니 걱정 마시길!).

안타깝게도 우리의 무의식은 대담한 마음가짐을 방해하는 쪽으로 자동 조종되기도 한다. 평소에는 늘 가던 길을 따라 퇴근하면서 언제나처럼 지나치는 옛 중학교를 보고 아무 생각도 하지 않았을 것이다. 하지만 오늘처럼 직장에서 골치 아픈 일을 겪은 날 중학교를 보니 그때 자신이 얼마나 못나 보였는지 떠오른다. 머리도 좋지 않았고 친구도 별로 없었고 선생님들은 또 얼마나 잔인했는지…… . 아니면 티셔츠 몇 장 사러 옷 가게에 들어갔다가 수영복을 보고 자신의 몸매가 얼마나 형편없는지 생각하기 시작한다. 친구의 생일을 맞아 저녁을 먹으면서 또 한 해가 지나가는데 목표를 하나도 이루지 못했다는 생각에 패배자가 된 기분이 든다. 두뇌가 자동조종장치에 따라 움직이려고 할 때 주변에서 뭔가를 보게 되면 그때부터 부정적인 생각이 폭포수처럼 쏟아진다.

인지 치료사 제프리 네비드(Jeffrey Nevid)가 말하듯 "부정적인 생각은 우리의 능력을 가혹하게 평가하고 성격적인 결함을 되풀이해서 속삭이고 끔찍한 결과를 예측하고 화를 부추기고 공격적인 반응을 촉발하고 우리의 나약함, 실수, 의혹에 대해 끝없이 중얼거린다. 불쑥 찾아오는 부정적인 생각은 두려움, 화, 죄책감, 걱정을 데리고 온다. 또 자부심까지 깎아내린다."[4]

마치 끊을 수 없는 거대한 악순환 같지만, 끊을 수 있다. 네비드가 제안하는 작은 행동 단계부터 시작해 보자. 네비드는 스스로 다음과 같은 질문을 해보고 그 반응을 적어 자신의 방아쇠가 무엇인지 의식적으로 알아보라고 권한다. 이런 연습을 통해 언제 부정적인 혼잣말을 하는지 깨닫고 긍정적인 생각으로 부정적인 생각을 중단하려는 노력을 시작할 수 있다.

마음속에 무슨 생각이 지나가고 있는가?

나는 무엇을 생각하고 있나?

이 느낌은 어떤 기억을 떠올리게 하는가?

나는 자신에게 어떤 말을 속삭이는가?

나는 문제에서 도망치는 것은 올바른 방법은 아니라고 생각한다(엄마 회색곰과 새끼들에게서 도망갈 때는 제외하고). 하지만 대담함을 방해하는 방아쇠를 제거하는 쉬운 방법이 있다. 바로 환경을 바꾸는 것이다. 나라 반대편으로 이사하거나 거실을 새로 꾸미라는 말이 아니다. 대신 주위를 둘러보고 일과를 살펴보면서 일상의 방아쇠들, 즉 크고도 나쁜 생각을 불러일으키는 작은 것들의 목록을 작성해라. 졸업한 중학교 근처로 차를 몰 때마다 무능하다는 생각이 들어 싫은가? 한동안 새로운 길로 출근해라. 옷장에 걸린 셔츠를 보면 전 애인이 떠오르는가? 그 옷을 기부 상자에 넣어 집 밖으로 내보내라. 감자 칩을 좀 그만 먹고 싶은가? 주방에 감자 칩 봉지를 두지 마라.

나는 얼마 전 내 생일에 케이크 절반을(음, 정확히 말하면 4분의 3을) 혼자 다 먹었다. 케이크가 바로 내 앞에 있어서 '나쁜' 자동 조종장치가 작동하는 바람에 저절로 포크를 들고 케이크를 퍼먹은 것이다! 나는 케이크만 보면 (특히 아이스크림 케이크만 보면) 무너진다는 걸 고백해야겠다. 또 뭐든 먹을 수 있는 뷔페를 좋아하고 케이크가 있으면 더 좋아한다. 나는 피트니스 전문가지만 여전히 음식을 좋아하고 지나치게 식탐을 부릴 때가 있다. 그런 일이 일어나는 걸 방지하기 위해 내 개인 공간에 유혹이 될 만한 것(감자튀김이랄지)을 두지 않으려고 노력한다. 환경은 의지를 이긴다. 그래서 나는 환경을 바꾼다.

나는 눈앞에 아이스크림이 있으면 한두 조각, 또는 세 조각 정도는 금세 해치운다. 하지만 비디오게임이 있으면 아무런 흥미도 느끼지 않는다. 반면에 단 음식은 손도 안 대면서 밤새 비디오게임을 하는 친구도 있다. 자기 전에 '딱 한 게임'만 하겠다고 약속하고서도 밤새워 게임을 할 때가 많다(게임기를 침실 밖으로 치우면 약속을 지킬 수 있을 것 같은데!).

매일 마주치는 환경에서 목표를 향해 나아가는 데 방해가 되는 것을 모두 떠올려보자. 우선 가장 큰 건 개인용 기기다. 하루 종일 SNS를 몇 번이나 확인하는가? 이메일은? 전혀 모르는 사람이 올린 게시물에 그저 참을 수 없어서 댓글을 쓰느라 소중한 시간을 쏟은 적이 있는가? 얼마나 자주 전화기 알림에 방해를 받는가? 정작 중요한 건 한두 개밖에 안 되면서 노트북에 열어둔 창이 몇 개인가? 친구가 썼거나 무작위로 피드에 올라온 최신 논쟁 관련 포스트를 읽고 흥분한 게 몇 번인가? '시사 정보를 얻으려고' 뉴스를 살피지만 정치인과 전문가가 주고받은 논쟁을 읽느라 30분을 낭비했을 뿐 배운 게 하나도 없다는 걸 깨달을 때는?

의식과 무의식에 들어오는 모든 것의 주인이 되어라. 유혹과 방아쇠는 자신에 대한 믿음을 갉아먹는다. 생활의 궤도를 유지하는 것을 어렵게 만들지 마라. 대담함을 끌어올리는 환경을 만드는 가장 좋은 방법은 집중하고 긍정적으로 생각할 수 있는 쉬운 방법을 곳곳에 심어두는 것이다. 하루에 한 장씩 책을 읽고 싶은가? 소파에서 가장 좋아하는 자리 근처에 다음 장을 펼쳐둔 책을 올려놓자. 아침에 달리고 싶은가? 운동화, 양말, 반바지, 상의를 꺼내두자. 초코바와 과자를 그만 사고 싶은가? 배고플 때는 쇼핑하러 가지 말자.

더 크고 더 멋지고 더 대담한 삶을 창조한다는 건 삶을 풍요롭게 하는 사람들, 장소, 경험을 모은다는 뜻이다. 내일 이 시간이면 어제의 뉴스가 되어버릴 삼류 인플루언서들의 바보 같은 인스타그램 게시물은 여기에 포함되지 않는다. 자신을 방해하는 것들을 잘라내서 인생에서 원하는 것을 모을 공간을 만들자. 오늘의 대담한 행동은 두려움과 방아쇠를 주제로 일기를 쓰는 동안 핸드폰을 꺼두거나 하루 동안 '집중' 모드로 돌려놓아 수도 없이 울려대는 알림에 방해받지 않게 하는 간단한 행동이 될 수도 있다.

대담함을 키우는 데는 주변의 방해 요소를 제거하는 것만큼이나 좋은 영향을 줄 사람들을 주변에 두는 것도 중요하다. 자신의 가치를 깎아내리고 집중을 방해하는 사람들은 멀리하고 '대담함 이사회'에 기대라! 대담한 목표를 응원하고 대담함을 실행할 수 있도록 돕는 친구와 가족을 곁에 두어라. 대담함을 키우는 새 환경에서 대담한 새 마음가짐이 자란다.

앞에서도 이야기했듯이 나는 피트니스 트레이너로 일하며 사람들의 신체를 강화할 때 언제나 두뇌부터 훈련하게 한다. 이제 대담한 마음가짐에 익숙해졌을 테니 여러분을 위해 맞춤 개발한 하루 운동으로 더 크고 더 멋진 삶을 시작할 차례다. 계속해서 대담함 근육을 늘리고 강화하는 습관과 연습법을 읽으면서 당신에게 주어진 풍요로운 삶을 되찾아 오기 바란다.

습관

삶은 살아 움직인다.
삶이 커브볼을 던질 때
규칙적인 일상이 신체에 두뇌와 에너지를 공급하고
우리를 회복시켜 줄 것이다.

더 크고 더 멋지고 더 대담한 행동을 시작하기 전에 우선 작은 것부터 정복하자. 매일 실천하는 자신만의 의식이 풍요로운 삶 쪽으로 향하는 방향을 잡아줄 것이다.

우리는 모두 거의 무의식적으로 일상적인 의식을 치른다. 일어나서 샤워하고 옷을 갈아입고, 출근하기 전 커피를 내리기도 한다. 아이가 있다면 그 자체만으로도 엄청난 의식이 생긴다. 강아지를 산책시키고 재활용품을 내놓고 집에 돌아가기 전 같이 사는 사람에게 문자메시지를 보내는 것도 마찬가지다. 우리는 같은 일을 같은 방식으로 무한히 반복한다. 지루해 보일 수도 있지만 모두 생산적인 습관이다. 기억하자. 두뇌가 자동조종 모드로 움직이면 긍정적인 효과가 나타난다. 반면에 과도한 생각과 산만함은 에너지를 빼앗고 대담한 행동의 속도를 늦춘다.

나처럼 이미 여러 가지 작은 의식을 치르는 사람들도 있을 것이다. 그렇지 않다면 서두르자. 정해진 일상이 있으면 삶이 한결 순조롭다. 또한 아침에 일어나자마자 핸드폰으로 SNS를 확인하거나 잠들기 전 새로울 것도 없는 이야깃거리에 정신이 팔리는 것처럼 많은 사람이 빠져 있는 비생산적이고 쓸모없는 습관에 주의하자.

절제된 생활을 한다고 생각하는 사람이라도 일상의 습관을 조율하면 도움을 받을 수 있다. 시간과 에너지를 낭비하고 있지 않은지 확인한 후 원하는 삶을 사는 데 도움이 되도록 일상을 개선하자.

돌고 도는 부정적인 생각의 고리에 빠지게 하는 산만한 생각을 없애는 것과 마찬가지 방식으로 대담한 삶을 사는 데 방해가 되는 비생산적인 습관 역시 없앨 수 있다. 매일 하던 행동을 바꾸면 두뇌를 재편하는 과정이 시작되는데 이것이 신경가소성(神

經可塑性, 뇌가 스스로 신경 회로를 바꾸고 재배치하는 능력—옮긴이) 이론의 기본이다. 행동 방식을 바꾸면 대담함을 담당하는 두뇌 근육이 움직여 실제로 두뇌의 신경 경로를 '보다 최적화할' 수 있다!

이미 이런 연습을 한두 가지 하고 있다면 하나를 더 추가하거나 새로운 방식으로 의식을 수행해 보자. 예를 들면 항상 가는 체육관 대신 자연 속으로 나가 운동을 해보는 것이다. 나는 나에게 맞는 하루 의식을 여러 개 만들어 실천하고 있다. 하지만 사람은 모두 다르다. 예를 들어, 나는 명상의 효과를 확실히 믿지만 아직은 나 말고 다른 사람들에게만 효과가 있는 것 같다. 나는 명상이 즐겁지 않다. 아무래도 아직 명상이 뭔지 이해하지 못하기 때문인 것 같다(그렇다고 포기하지는 않았다). 요점은 즐길 수 있고 일과에 쉽게 끼워 넣을 수 있는 좋은 습관을 골라 고수하라는 것이다.

그 점을 생각하면서 다음에 제시하는 습관 중 자신에게 가장 맞을 만한 걸 골라보자. 몇 번 해봤는데 잘 안 되면 다음 항목을 시도해 보자. 어떤 습관이나 의식을 고르더라도 꾸준히 실행하면 두뇌가 바뀌고 대담함 근육이 강화될 것이다.

꼭 추가하라고 권하는 게 있다면 운동이다(아직 운동을 안 한다면). 장담하건대 몇 주 안에 체력이 좋아질 뿐 아니라 정신력도 강해지는 것을 느낄 수 있다. 규칙적으로 운동하면 자제력과 목표 설정 능력이 올라가고 자신감이 커진다. 나는 10대 시절 피트니스를 통해 몸과 마음이 훨씬 강해지는 걸 느끼면서 운동을 좋아하게 됐다. 운동은 내가 대담해지는 데 큰 역할을 했다.

나는 여기에서 '의식'이라는 단어를 썼지만 습관, 일상, 연습 등 무슨 이름을 붙이든 일상에 추가하면 특별히 효과를 발휘할 몇 가지를 소개한다. 특히 한 번도 안 해본 걸 하면 좋고 모든 걸 다 할 필요는 없다(나도 그렇게는 안 한다!). 하지만 새로운 의식 한 가지를 매일 실행한다면 대담함 근육이 움직여 몸과 마음과 영혼이 강해질 것이다.

대담한 마음 강화 의식 : 감사 이야기 생각하기

감사한 일 열 가지를 매일 적는 연습이라고 짐작했다면 좀 더 읽어보시길. 새로운 연구에 따르면 훨씬 효과적으로 마음가짐을 개선할 수 있는 감사 연습이 있다.

감사는 '친사회적' 행동이자 마음가짐이다. 여기서 친사회적이란 다른 사람, 자신, 그리고 즐거움을 주는 것들 사이에서 긍정적인 상호작용이 일어날 수 있도록 이끄는 '친화적'인 행동 및 마음가짐에 관여하는 두뇌와 인체의 회로에 관련이 있다는 의미다. 대담하게 행동하는 데 꼭 필요한 마음가짐으로, 방어, 두려움, 정체, 더 심하게는 후퇴로 이끄는 '회피' 경향에 관여하는 방어적인 신경 회로와는 정반대 개념이다.

'고맙다'는 말이 중요하다는 사실은 모두 알고 있다. 하지만 두뇌를 바꾸려면 고마운 마음을 잘 전달하는 것이 아니라 잘 '받는' 게 중요하다. 최근 연구에 따르면 나에게 고마움을 표현하는 사람이 내 신경망에 강력한 영향을 끼친다고 한다. 다행스럽게도 '고맙다'는 말을 듣는 사람이 꼭 나여야 할 필요는 없다.

스탠퍼드 의과대학의 신경생물학 교수이자 '휴버먼 연구소 팟캐스트'의 진행자이기도 한 앤드루 휴버먼(Andrew Huberman) 박사는 진정한 감사를 느꼈던 때나 다른 사람이 누군가를 향해 깊은 고마움을 전하는 것을 보고 감동한 때를 생각하면 친사회적 신경 회로망을 활성화할 수 있다고 말한다.[5]

예를 들어, 가까운 가족이 골반을 다쳤다가 물리치료사 덕에 다시 걸을 수 있게 된 이야기를 떠올려보자. 또는 지갑을 잃어버렸는데 착한 행인이 일부러 찾아와서 현금까지 모두 든 지갑을 돌려줬다는 동료의 일화도 좋다. 전쟁 이야기를 다룬 역사 다큐멘터리에서 아이의 목숨을 살려준 군인에게 고마움을 표하는 어머니 이야기 역시 괜찮다.

마음을 울리는 감사 이야기를 골라라. 휴버먼은 이 연습이 효과를 내려면 진실하고 진정성 있는 이야기여야 한다고 강조한다. 그다음 좋아하는 이야기의 주요 항목(어떤 어려움이 있었는가, 어떤 도움을 받았는가, 이야기를 보고 어떤 걸 느꼈는가)을 적는다.

그런 다음 일주일에 세 번, 몇 분 동안(1분도 괜찮다) 이 이야기를 혼자 생각하거나 다른 사람들에게 들려주고 "고마운 마음이 전달될 때 경험하는 풍요로움을 깊이 생각한다". 이 감사 이야기는 아주 익숙해질 것이고 6주가 지나면 이야기에 반응하는 두뇌와 신체의 신경 회로가 몸의 생리적 과정을 변화시킬 것이다.

휴버먼은 어디에서나 할 수 있는 이 간략한 감사 연습이 신체와 정신 상태를 바꾸는 데 강력한 효과가 있다고 말한다. 신경 가소성이 효과를 내기까지 어느 정도 시간이 걸리는 명상과 달리 친사회적 회로 활성화는 효과가 즉각적이다. 순간적으로 두뇌가 바뀌기 시작하는 것이다. 휴버먼은 말한다. "그 이야기를 떠올리기만 해도…… 즉시 감사에 관련된 회로가 특별히 가소성이 올라가는 최적의 상태에 들어갑니다."

이렇게 "특별히 가소성을 높이는" 감사 연습이 어떻게 대담함을 키울까? 이 친사회성 연습은 "감정 경로의 기능적 연결성"을 바꿔 의욕을 고취하고 목표를 추구하는 마음을 강화하는 동시에 두려움 회로를 재구성한다. 그래서 더 앞으로 나아가고 대담한 도약을 감행하게 한다. 또한 이 책에서 전하는 모든 습관이나 원칙과 마찬가지로 더 연습할수록 더 대담해지도록 이끈다.

대담한 신체 강화 의식: 매일 운동하면 위대한 결과가 나타난다

나는 몇 년 전 NBC의 「도전! FAT 제로(The Biggest Loser)」(2014년부터 방영된 살 빼기 도전 프로그램—옮긴이)의 제작자들이 CW 네트워크에서 만든 리얼리티 프로그램, 「결혼식 앞두고 살 빼기(Shredding for the Wedding)」에서 트레이너 역할을 맡았다. 과체중 커플 참가자 중 둘이 합쳐 가장 많은 체중을 감량한 팀이 꿈에 그리던 결혼식을 올리는 프로그램이었다. 참가자들에게 주어진 촬영 시간이 그다지 길지 않은 데다 동료 트레이너였던 니키 홀렌더와 내가 짠 운동 프로그램은 누가 봐도 쉽지 않았다.

특히 초반 몇 회는 운동 경험이 없는 커플들에게는 너무 잔인한 게 아닌가 싶을 정도로 힘든 훈련이었다. 하지만 참가자들은 얼마 안 가 몸이 달라질 뿐 아니라 마음가짐까지 변하는 것을 느꼈다. 이들은 파트너와 함께 넘을 수 없다고 생각하던 한계에 도전했고 한 주 한 주 지나 체중이 줄어들수록 자신감이 자라났다. 극적인 신체 변화도 놀라웠지만 긍정적인 심리 변화는 더욱 놀라웠다.

프로그램이 끝나고 몇 달 후 참가자 몇 명이 살을 빼고 몸매를 가꾸자 자신이 더 매력적으로 느껴졌을 뿐 아니라 현재의 생활에 안주하지 않고 원하는 삶을 추구할 정신적 힘과 용기를 얻었다는 소감을 전했다. 몇 명은 직장을 그만두고 정말 원하는 일을 찾아 나섰다. 한 명은 약혼자와 헤어졌다. 약혼자와 자신 모두 더 나은 사람으로 바뀌면서 두 사람의 관계도 바뀌었고 새롭게 변한 자신들에게 맞는 파트너를 찾아야 한다는 걸 깨달았기 때문이다. 한 여성은 한마디로 자신이 늘 원하던 사람이 된 것 같다고 말했다.

프로그램 참가자들이 긍정적인 사람으로 바뀐 주된 이유를 신체적 변화로 꼽은 것이 나에게는 놀랍지 않았다. 나는 겉으로는 모든 게 맞아떨어지는 듯한 유명인들의 운동을 도운 경험이 있기 때문이다. 이들 역시 운동을 일상화하자 원하는 배역과 만들고 싶은 음악을 대담하게 요구하기 시작했다.

운동의 가장 큰 장점은 몸과 마음의 연결에 있다. 몸매를 가꾸는 것은 식스팩 복근을 만드는 것이 아니라 두뇌의 화학물질을 변화시키는 것이다. 몸이 탄탄해지면 더 건강한 습관을 추구하게 되고 파괴적인 일상을 벗어나고 싶어진다. 또한 스트레스 수준이 낮아지고 더 큰 목표를 좇는 능력은 강해진다.

운동으로 하루를 시작하면 남은 하루도 잘 보내게 된다. 더 기민해지고 집중력이 좋아지며 운동하지 않는 날보다 에너지가 넘친다(대부분 아침에 운동하는 걸 선호하고 나 역시 그렇지만, 오후 시간 또는 퇴근 후에 운동하는 사람들도 있다. 고정적으로 운동할 수 있는 시간을 고르자). 에너지가 없어서 운동을 못 하겠다는 말을 들으면 웃음이 난다. 운동을 하면 에너지가 생기는데! 신체뿐 아니라 정신도 마찬가지다. 운동을 하면 '난 못 해'에서 '난 할 수 있고 할 거야'로 기어가 바뀐다. 믿을 수 없는 관점의 변화가 일어나는 것이다.

운동을 처음 시작한다면 동네를 한 바퀴 걷든 유튜브에서 찾은 영상을 보며 10분 동안 요가를 하든 상관없이 그저 움직이기 시작해라. 규칙적으로 운동하기 시작하면 며칠 안에 두뇌와 몸이 단련되어 더 멋지고 더 크고 더 대담한 삶에 필요한 자신감이 솟아날 것이다. 매일 운동해야 할까? 나는 능률과 집중력을 최고로 유지하고 싶을 땐 매일 운동한다. 내가 볼 때 운동은 어떤 기분 나쁜 부작용도 없는 최고의 항우울제다. 일주일 내내 '정식으로' 운동하지 않아도 괜찮다. 쉬는 날도 있어야 다치지 않는다. 하지만 운동을 쉬는 날이라도 산책이나 간단한 스트레칭으로 몸을 움직이는 게 좋다.

'운동은 나랑은 안 맞아'라고 생각한다면 내 경험상 아직 자신에게 맞는 스타일의 운동을 찾지 못했기 때문이다. 사람들이 체력 단련, 체중 감량, 전반적인 건강 향상 등 다양한 이유로 가장 좋은 운동을 추천해 달라고 하면 나는 늘 똑같이 대답한다. "가장 좋은 운동은 실제로 할 수 있는 운동이죠."

물론 고강도 인터벌 트레이닝이 최소한의 시간을 들여 지방을 태우고 잔근육을 만드는 데 가장 효과적이라고 대답할 수도 있다. 하지만 그 운동이 싫은 사람은 어떻게 할까? 그냥 안 할 것이다. 너무 하기 싫은 운동을 꾸준히 할 확률은 얼마나 될까? 0퍼센트 정도일 것이다. 빼빼 마른 친구나 철인 삼종 경기를 완주하는 동생이나 틱톡에 나오는 유명인이 아니라 자신에게 맞는 걸 찾아야 한다. 또한 운동의 개념을 달리기나 필라테스로만 제한하지 말자. 볼룸 댄스(다른 춤도 좋다. 거실에서 혼자 힙합을 춘다든지……), 강아지 산책 길게 하기, 피클볼(테니스와 탁구를 접목한 신종 라켓 스포츠—옮긴이), 자동차 안 타고 걷거나 자전거 타기, 스케이트 타기, 말타기, 정원 가꾸기, 등산 뭐든 좋다. 일단 밖에 나가라. 이어서 운동을 시작할 수 있는 조언을 몇 가지 제시하려 한다.

몸을 움직이게 하는 걸 찾아 습관으로 만들어라. 운동이 습관이 될수록 운동을 하지 말까, 아니면 운동복으로 갈아입고 시작할까 갈등하는 일이 줄어들어 두뇌를 적게 쓰고도 꾸준히 운동할 수 있다. 자연스럽게 규칙적인 운동을 할 수 있게 되는 것이다.

어떤 운동을 가장 좋아하는지(아니면 가장 덜 싫어하는지) 찾을 수 있도록 여러 가지를 해보자. 옛말에도 있듯이 '왕자를 찾으려면 많은 개구리에게 키스해야' 하고 이는 운동도 마찬가지다. 나는 웨이트트레이닝과 달리기를 정말 좋아한다. 다른 걸 해봐도 항상 인력에 끌리듯 이 두 가지로 돌아온다.

간단하게 해라. 팬데믹으로 좋아진 점이 하나 있다면 많은 재택 근무자가 집에서 운동할 시간을 찾았다는 것이다. 어떤 사람들은 처음으로 규칙적인 운동을 시작하기도 했다. 여러분도 이 흐름에 동참했는가? 체육관에 차를 타고 가지 않고 집에서도 운동할 수 있는가? 요즘은 온라인으로 장비를 주문하면 집까지 배달되고, 저렴한 온라인 수업이나 앱을 이용해 운동을 시작하고 유지하는 데 도움을 받을 수 있다. 차를 끌고 어딘가로 가는 게 싫어서 운동하지 않았다면 홈 트레이닝이라는 간단한 해결책으로 장벽을 제거하자.

함께 땀 흘려라. 의지할 수 있는 친구를 구해 함께 운동하는 것도 규칙적으로 운동을 할 수 있는 좋은 방법이다. 친구와 오전, 오후, 또는 저녁에 주기적으로 만날 약속을 잡고 걷거나 자전거를 타자. 가족이 함께 나가는 것도 좋다. 5킬로미터 달리기 대회를 신청한 후 지역 YMCA나 문화 센터, 또는 운동 장비를 파는 가게에서 달리기나 산책 모임을 찾아보자. 내가 앞서 스크롤을 내리면서 SNS에 버리는 시간이 얼마나 많은지 이야기하며 분개하긴 했지만, 맵마이워크(MapMyWalk)처럼 운동 목표가 같은 '친구'를 찾을 수 있는 좋은 앱도 많다.

강도를 높이기보다는 꾸준히 해라. 내가 고객들에게 늘 하는 이야기다. 물론 수준을 한 단계 올리는 것도 중요하고 더 힘들게 운동하면 그에 맞는 목표를 이룰 수 있는 것도 맞다. 하지만 강도 높은 운동에 모든 에너지를 쏟느라 일주일에 두 번만 운동하는 실수를 저지르지는 말자. 운동할 때마다 죽을 듯이 덤비면 주기적으로 운동할 마음이 사라진다. 매일 꾸준하게 운동하면서 산발적으로 강도 높은 운동을 할 때 두뇌와 신체가 훨씬 좋아진다. 당연히 더 크고 멋지고 대담한 목표를 품고 운동해야 하지만 점진적으로 강도를 높여야 한다. 모든 걸 다 쏟아붓되 포기하지 않을 정도로 서서히 끌어올려라.

또 전문가의 조언을 하나 덧붙이겠다. 다치지 않으려면 몸의 말을 잘 들어야 한다. 아프면 멈춰라. 개인적으로 나는 매일 30분 정도 심박수를 올려 땀을 흘리면 기분이 좋다. 이 정도면 내가 원하는 체력 단련과 인지 기능 향상 효과를 충분히 얻을 수 있다.

대담한 영혼 강화 의식 1: 스핀 닥터를 불러라

우리는 모두 하루에 약 6,200가지 생각을 하는데 그중 80퍼센트는 부정적인 생각이다! 긍정적인 목표를 추구하는 데 방해가 되는 부정적인 생각을 정말 많이 하는 것이다. 불안이나 우울감을 느끼는 사람들은 부정적인 생각의 95퍼센트를 '반복 재생'하는데, 인지 행동 심리학자들은 이를 '자동적인 부정적 사고'라고 부른다.

부정적인 사고가 반복된다면 사고를 긍정적으로 바꿔줄 스핀 닥터(spin doctor, 정부 수반이나 각료 곁에서 부정적으로 비칠 수 있는 사안이나 정보를 감추거나 긍정적으로 바꿔 홍보하는 언론 담당자—옮긴이)를 부를 필요가 있다.

부정적 사고에는 여러 가지 형태가 있다. 우리는 이를 활용해 긍정적이고 생산적인 생각을 하기 위한 새로운 습관을 연습할 수 있다. 여기 부정적 사고의 대사를 뒤집을 몇 가지 아이디어와 나쁜 생각을 긍정적으로 돌려 다르게 볼 수 있는 방법을 제시한다.

1. 일어난 일을 지나치게 일반화하고 감정적으로 대응할 때

부정적인 생각 '데이팅 앱에서 꿈에 그리던 귀여운 남자를 만났는데 갑자기 잠수를 타버리네. 이제 끝이야. 세상에 날 만나줄 남자는 없어.'

긍정적으로 돌리기 그렇게 딱 잘라 말할 필요가 있을까? '아무도 없다'고 단정 짓지 말고 이렇게 생각해 보자. '그 남자는 인연이 아니었나 봐. 내일 또 찾아보면 돼.'

2. 잘못된 선택을 내린 자신을 꾸짖을 때

부정적인 생각 '아침 일찍 출근해야 하는데 새벽 3시 반까지 그 드라마의 새 시즌을 몰아 보다니. 난 정말 멍청이야!'

긍정적으로 돌리기 자신에게 친절하게 말하고 넓게 보자. '세상이 끝난 것도 아니고, 가끔 밤새 드라마 보는 건 누구나 다 하는 일 아니야? 게다가 정말 재밌었잖아! 하지만 오늘 밤에는 잠을 충분히 자는 걸로 나에 대한 사랑을 표현해야겠어. 그럼 내일은 머리가 더 맑은 상태로 일할 수 있을 거야.'

3. 자신을 통제하지 못해 죄책감이 들 때

부정적인 생각 '아침에 그 많은 도넛을 다 먹고 감자 칩까지 먹다니 믿을 수가 없네. 운동도 빼먹었어! 나는 왜 제대로 살지 못할까?'

긍정적으로 돌리기 자신을 용서하고 잊어버리자. '내일은 모든 걸 바로잡을 기회야. 운동하고 잘 먹으면 늘 기분이 좋았다는 걸 기억하자. 내 건강은 중요해. 하루 망쳤다고 내 목표를 이루지 못하는 건 아냐.'

4. 좋은 일이 일어나도 부정적인 생각만 할 때

부정적인 생각 '여자 친구를 놀라게 해주려고 밤 비행기표를 급하게 샀는데, 마지막 줄 중간, 냄새나는 화장실 옆자리를 주잖아. 이 비행기 진짜 짜증 나네.'

긍정적으로 돌리기 이 상황의 좋은 면을 생각하자. '여자 친구 생일을 축하하러 가는 나를 막을 자 누구냐! 어서 그녀를 내 품에 안고 싶을 뿐.'

5. 자주 다른 사람들을 비난할 때

부정적인 생각 '내 동료는 항상 상사에게 아부를 떨어서 원하는 걸 다 얻어낸단 말이야. 오늘도 아이 축구 경기가 있다고 또 일찍 퇴근했는데, 곧 대형 프레젠테이션을 한다고 뉴욕으로 출장까지 가네. 요구하는 족족 다 손에 넣는군. 여우 같은 직원에 곰 같은 상사라니까.'

부정적인 생각 다른 사람의 긍정적인 자질을 찾아보자. '내 동료는 참 대담하다니까. 원하는 걸 요청하니, 짠! 하고 떨어지잖아. 상사가 건전한 직장 분위기를 만들려나 봐. 나도 몇 가지 좀 요청해 볼까? 나쁠 것 없잖아. 최악의 상황이 뭐겠어?'

부정적인 생각을 모두 제거할 수는 없다. 하지만 좀 더 긍정적으로 생각하려는 연습은 할 수 있고 특히 가장 부정적으로 생각하는 분야에서는 더 노력할 수 있다. 긍정적인 생각은 긍정적인 결과를 부른다. 적어도 나는 세상을 그렇게 본다.

• 부정적 시각화의 긍정적인 힘

잘못 읽은 게 아니다. 부정적인 사고에도 괜찮은 면이 있다. 하지만 이 기술은 관점에 따라 효과가 달라진다.

재앙화(catastrophizing)는 최악의 상황이 일어날 증거가 없는데도 최악을 상상하는 것을 말한다. 출장 간 배우자가 문자에 답하지 않거나 정기적인 건강 검진 결과를 기다릴 때, 또는 계약을 맺으려고 공들이는 회사가 회의를 미룰 때 이런 상상을 하게 된다. 하지만 '잘못될 가능성이 있다면 잘못될 것이다'라는 사고방식과 최악의 상황이 지금 당장 일어날 것처럼 적극적으로 상상하는 부정적 시각화 연습은 다르다. 부정적 시각화 습관은 스토아철학 시대부터 이어져 온 대응법이다.

나는 '습관과 노력' 팟캐스트에 어맨다 녹스(Amanda Knox)를 초대해 이야기하면서 부정적 시각화가 무엇인지 알게 됐다. 기억하는 사람도 있겠지만 어맨다는 스무 살에 이탈리아에서 교환 학생으로 공부하던 중 룸메이트였던 메러디스 커처(Meredith Kercher)가 두 사람의 아파트에서 잔인하게 살해당한 채로 발견되는 일을 겪었다. 이 사건으로 어맨다는 억울하게 유죄를 선고받고 이탈리아 교도소에서 4년을 복역했다 (2015년에 공식적으로 무죄판결을 받았다).

어맨다는 자신이 어떻게 부정적 시각화로 최악의 상황을 상상하며 하루하루를 버텼는지 이야기했다. 그녀는 법적 절차나 수감 생활에서 잘못될 수 있는 모든 상황을 생각하면서 그 반대편에 있다는 사실에 안도하는 마음으로 버텼고 심지어 최악의 상황이 실제로 벌어졌을 때도 겁먹지 않을 수 있었다.

부정적 시각화는 아주 대담한 사람들까지도 나쁜 결과나 삶의 여러 가지 고난에 심리적으로 대비할 수 있게 해준다. 이런 연습을 통해 우리는 새로운 현실을 받아들이고 대처할 준비를 할 수 있다. 또 최악의 일이 일어날 거라는 두려움을 극복하거나 적어도 그 일을 맞닥뜨렸을 때 받을 충격을 줄일 수 있다. 최악의 시나리오가 실제로 일어나지 않으면 더 큰 고마움을 느끼는 건 물론이다.

대담한 영혼 강화 의식 2: 명상하기

나는 명상이 어렵다. 몇 가지 방법을 시도해 봤지만 마음을 고요하게 하기가 어려웠다. 하지만 명상에 대한 글은 많이 읽었고 명상가들의 이야기도 많이 들어서 그 효과가 사실이라는 건 믿는다. 명상을 시도해 보았는가? 여러 연구에서 말하길 명상을 하면 심박수가 줄어들고 혈압이 낮아지고 스트레스 지수가 내려가며 면역력까지 높아지는 등 장점이 많다. 명상으로 경험하는 '이완 반응'에 대한 연구도 잘 정립되어 있다.

명상 수행을 하는 사람들은 명상으로 정신이 명료해지면 집중을 방해하는 쓸모없는 생각, 걱정 등에서 해방된다고 말한다. 재택근무를 하는 친구 한 명은(요즘 내 주변은 모두 재택근무를 하긴 하지만) 어린 자녀와 씨름하느라 정신없는 아침을 보내고 진이 다 빠진 상태에서 화상회의에 참석해야 할 때면 컴퓨터를 켜기 전 방문을 닫고 눈을 감은 채로 몇 분 동안 명상을 해 마음을 챙긴다고 한다. 그러면 회의에서도 집중력이 올라가고 다시 문을 열고 아이들이 벌인 상황을 마주할 때도 훨씬 잘 대응할 수 있다고 말한다.

명상은 아무 장비가 없어도 시간 날 때마다 할 수 있다. 집에서도 사무실 책상에서도, 심지어 출근길 열차에서도 할 수 있다. 명상을 배울 수 있는 좋은 책, 앱, 온라인 수업이 많고 직접 찾아가서 배울 수 있는 명상 센터도 많이 생겨나고 있다. 혼자 연습하는 것 이상의 가르침을 찾는다면 지역 문화센터, YMCA, 도서관, 병원에서 무료 혹은 저렴하게 운영하는 강좌를 찾아보자.

명상을 하면 내면과 주위에서 일어나는 일에 좀 더 주의를 기울일 수 있다. SNS 게시물에 어떻게 댓글을 달아야 할지, 또는 짜증 나는 동료의 행동에 어떻게 대응해야 할지 생각하며 소중한 지능을 낭비하는 대신 그런 생각을 흘려보낼 수 있게 두뇌를 훈련하는 것이다. 마음챙김 명상을 하면 부정적인 사고가 줄어들고[6] 자신을 갉아먹고 비하하는 생각이 희석된다는 연구도 있다[7]. 명상은 자신에 대한 비난을 멈추는 것뿐 아니라 타인을 판단하는 습관도 줄여준다. 자신의 능력을 의심하고 다른 이들을 비난하는 데 들이는 시간을 없애면 앞으로 나아가는 데 집중할 수 있다.

이렇게 장점이 많은데도 나는 여전히 명상을 내 일상에 끼워 넣기 어려워 방법을 찾고 있다. 하지만 누가 아는가? 당신이 이 책을 읽을 때쯤이면 나도 그런 사람이 되어 있을지.

대담한 영혼 강화 의식 3: 자기최면

우리 인간은 초능력을 지니고 있다. 따라서 생각하는 방식을 바꿀 수 있다. 무의식이 행동에 미치는 영향은 생각보다 강력하다. 최면 요법은 두뇌 신경망을 이용해 우리의 사고방식과 우리가 주변 세상을 경험하는 방식을 바꾼다[8].

자기최면의 선구자이자 스탠퍼드 대학 스트레스 및 건강 센터의 수석 과학 고문인 데이비드 슈피겔(David Spiegel) 박사가 40년 넘게 진행한 연구와 임상 경험에 따르면 자기최면은 현재의 마음 상태에 집중하는 데 도움을 준다. 또 "산만한 생각과 감각을 줄이고" 새로운 생각과 관점에 마음을 열 수 있게 해준다. 그리고 스트레스, 통증, 불면증, 심지어 흡연 같은 강한 중독을 조절하는 데에도 도움이 된다.

자기최면이 자신에게 맞는 방법 같다면 힙노박스(Hypnobox)처럼 인기 있는 디지털 최면 앱을 사용하거나 여러 책과 온라인 자료를 활용해 볼 수 있다. 일부 앱과 온라인 프로그램은 금연, 체중 감량 등 특정 목표를 이루는 데 도움이 되도록 설계되어 있기도 하니 처음에는 전반적인 도움을 주는 앱을 찾는 게 좋다.

대담한 영혼 강화 의식 4: 좋은 잠, 대담한 꿈

좋은 잠은 집중력과 학습 능력 강화, 기분 조절, 생산성 향상에 꼭 필요하다. 모두 대담하게 도약하고 실패해도 다시 시작할 수 있는 회복탄력성을 기르는 데 중요한 요소다.

잠을 잘 자지 못하면 다음 날 맑고 또렷한 정신을 유지하기가 정말 힘들다. 또 잠이 부족하면 일에 집중하고 새로운 기술을 배우기가 어려워진다.

우리는 매일 같은 시간에 잠들고 일어나는 일주기(日週期) 리듬을 유지해야 하고 이는 주말에도 마찬가지다. 일주기 리듬이 틀어지면 기운이 없고 무기력해진다. 비행기를 안 타고도 시차 피로를 느끼는 것과 같다. 그러면 해야 할 일을 다 하지 못할 뿐 아니라 건강에 좋지 않은 쉽고 빠른 간편식을 더 찾게 되고 더 피곤하고 체중도 는다. 일주기 리듬이 계속 어긋나면 정신 질환과 신체 질병에 더 잘 걸린다.

수면 전문가들은 일주기 리듬을 지키려면 아침에 자연광을 쬐고 잘 시간이 가까우면 조명을 낮추는 게 중요하다고 말한다. 그 외에도 일반적인 조언을 하자면 오후에는 카페인 섭취를 끊고 잠들기 한두 시간 전부터는 핸드폰이나 노트북 스크린을 보지 말고 시원하고 어두운 방에서 자자.

하지만 모두가 같은 방식으로 살지는 않는다. 저녁에 더 에너지가 솟거나 교대 근무로 밤에 일하는 사람도 있다. 보건 의료 분야나 요식업 종사자라면, 또는 시차가 다른 곳으로 출장을 다니는 사람이라면 9시부터 6시까지 근무하지 않는 날이 더 많을 것이다.

자신만의 자연스러운 일주기 리듬을 이해해 낮 동안(아니면 주로 일하는 시간에) 집중력을 높이려면 특정 시간대에 잠을 자고자 하는 개인별 경향을 말하는 '크로노타입(chronotype)'을 알아야 한다. 『When 시간의 심리학』의 저자이자 '수면 전문의'로도 잘 알려진 마이클 브레우스(Michael Breus) 박사가 '습관과 노력'에 찾아와 돌고래, 사자, 곰, 늑대라는 네 가지 크로노타입을 소개한 적이 있다.

브레우스는 우리가 각자의 크로노타입에 따라 24시간 주기 중 특정 시간대에 자는 경향이 있다고 말한다. 깨어 있을 때도 자신의 타입에 따라 특정 시간대에 다른 타입보다 더 집중한다. 어떤 사람들은 아침에 가장 생산성이 좋고 어떤 사람들은 밤에 집중력이 올라간다. 자신의 수면 패턴을 찾으면 더 능률적인 하루를 보낼 수 있다.

깔끔한 수면 환경 또한 새로운 걸 배우는 능력을 높여준다. 잠은 '기억 강화'에서 중요한 역할을 하는데, 기억 강화란 무언가를 배우고 일정 시간에 걸쳐 연습하고 몇 년이 지나도 필요할 때 꺼내 쓸 수 있는 기억으로 가두는 것을 말한다. 잠을 잘 잘수록 새로운 정보를 더 잘 유지하고 더 오래 꺼내 쓸 수 있다.

마지막으로 잠을 잘 자면 기분이 좋아진다. 두뇌는 잠을 자는 동안 감정을 처리한다. 수면이 중간에 잘리면 두뇌가 감정을 완전히 살펴볼 시간이 부족해 다음 날 짜증과 화가 늘 수 있다.

잘 쉬지 못하면 대담해지기는 거의 불가능하다. 규칙적인 수면 습관을 생활화해 매일 아침 대담한 사람이 되어 일어나라.

대담한 영혼 강화 의식 5:
개인별 에너지 분배 이론 테스트

화요일 오후 4시 30분, 오후 5시까지 프로젝트에 필요한 중요한 결정을 내려야 한다. 당신은 종일 많은 결정을 내렸다. 무슨 옷을 입고 출근할지부터 어떤 광고 문구가 가장 좋을지, 구내식당에서는 뭘 먹을지, 어떤 판매사와 계약을 맺을지까지. 그런데 책상에 앉아 가장 중요한 결정을 내려야 할 때가 되니 에너지가 바닥나서 제대로 생각할 수가 없다.

당신은 지금 사회심리학자 로이 바우마이스터(Roy Baumeister)가 말한 '결정 피로'에 빠진 상태다. 연구에 따르면 미국인들은 하루에 무려 3만 5000개의 결정을 내린다고 한다.[9] 어떤 결정은 이를테면 출근할 때 어떤 신발을 신을지 또는 피자에 어떤 토핑을 올릴지 등 너무 사소하고 일상적이어서 결정이라고 생각하지도 않는 것들이다. 오전부터 수천 개의 결정을 내린 상태에서 오후 4시 30분쯤 큰 결정을 내리라고 하면 두뇌가 이미 짐 싸서 집으로 가버린 듯한 기분이 든다. 에너지가 바닥난 것이다.

우리가 하루에 쓸 수 있는 에너지의 양은 정해져 있다. 큰 결정을 내리는 데 에너지가 드는 건 물론이지만 작은 결정에도 일상의 에너지를 써야 한다. 우리는 크고 대담한 행동에 에너지를 쓸 수도 있고 아무리 모여도 별것 아닌 수많은 결정에 에너지를 낭비할 수도 있다. 나는 아침에 일어나는 순간부터 밤에 잠들 때까지 결정을 내리는 데 드는 에너지를 적절하게 분배하면 결정 피로를 피할 수 있다는 걸 알게 됐다. 이를 '개인별 에너지 분배'라고 부른다.

나는 두뇌를 서랍처럼 생각한다. 뭘 입고 출근할지, 아침으로 뭘 먹을지 결정하느라 시간을 보내는 것처럼 중요하지 않은 것들로 서랍을 꽉꽉 채울 수도 있고 자동으로 움직이는 일상적 패턴과 과정을 따라갈 수도 있다. 그래서 나는 가능한 곳에서는 일상을 단순하게 자동화했다.

일은 항상 변화가 많다. 정신없이 바쁠 때도 있고 집중하는 대상도 매일 달라질 수 있다. 고객들과 브랜드 전략을 이야기하다가 바로 팟캐스트 방송을 준비하기 위해 검색을 하고 다음 게스트의 정보를 읽다가 의뢰인의 후원사 후보를 살펴본다. 그동안 아이들은 늘 내 최우선 순위에 있다. 어디에 집중해야 할지 균형을 맞춘다는 건 중요한 일에만 에너지를 분배한다는 뜻이다.

내가 개인별 에너지 분배를 적용하는 방법은 이렇다. 잠들기 전 방의 히터나 냉방을 조절해 최적의 수면 온도를 맞춘다(시원하되 춥지는 않게). 아침에 침대에서 일어나기 전 마실 수 있도록 침대 옆 탁자에 물을 한 잔 올려놓는다. 일어나면 운동복을 입고 운동화를 신는다. 매일 똑같은 아침을 먹고 10분 정도 급하게 답해야 할 이메일이 없는지 확인하고 바로 확인하지 않아도 되는 것들은 넘긴다. 아이들에게 아침을 차려주고 학교에 데려다준다. 집에 돌아오면 운동하고 샤워한 후 평상복으로 갈아입고 하루 업무를 시작한다.

내 일상에 놀랄 만한 일은 없지만 중요한 건 이것이다. 나는 낮에 일하면서 좀 더 복잡한 결정을 내릴 수 있도록 업무를 시작하기 전에는 거의 결정을 내리지 않고 최대한 에너지를 보존한다.

크고 대담한 결정을 내리려면 최대한 집중해야 한다. 자신만의 에너지 분배 설계를 통해 집중을 방해하는 것들은 버리고 두뇌 능력을 키워라. 내가 일상에서 쓰는 에너지 보존 방법을 몇 가지 소개한다.

유니폼 고르기 나는 특별한 경우가 아니면 의상을 최대한 간단하게 선택해서 옷장을 뒤지거나 거울을 노려보면서 에너지를 쓰지 않도록 한다. 그래서 같은 옷을 매일 변형해서 입는다. 청바지 몇 벌과 레깅스 여러 벌을 날씨에 맞게 다양한 셔츠와 매치하는 식이다. 집에서 일한다면 간소한 선택을 내리기가 아주 쉬울 것이다. 격식을 갖춰 입어야 하는 직장이라면 기본 정장 몇 벌을 사서 출근할 때도 입고 직장에서도 입는다.

식사 준비 식단을 짜서 조금만 준비하면 더 나은 식사를 하면서도 시간을 절약할 수 있다. 퇴근하는 길에 포장 음식을 사 가거나 설탕이 잔뜩 든 시리얼을 저녁으로 먹고 싶지는 않을 것이다. 나는 아침, 점심뿐 아니라 가족과 함께 먹는 저녁까지 구체적으로 계획을 세운다. 너무 어려울 것 같다면(아이가 있다면 특히 그럴 것이다) 가장 손쉽게 계획할 수 있는 식사부터 시작하자. 보통 요리를 가장 적게 하는 아침 식사가 여기 해당할 것이다. 나는 아이들이 학교 갈 준비를 하는 동안 혼자 아침을 먹는다. 아침은 늘 바쁘고 점심은 책상에서 먹는다면 저녁을 어떻게 할지 계획을 세워보자.

일정한 수면 시간 지키기 나는 매일 같은 시간에 자고 일어난다. 오후 10시 30분쯤 잠자리에 들어서 오전 6시 30분에 일어나고 주말에도 똑같이 한다(물론 주말에도 항상 지키는 건 아니다. 하지만 대부분은 지킨다!) 앞서 이야기했듯이 자신만의 수면 시간을 파악하고 고수해서 나만의 에너지를 지키자.

일어나서 움직이기 나는 가만히 앉아 있는 일이 거의 없다. 컴퓨터 앞에 앉아 줌 회의를 하면 기가 빨려서 그런 일은 되도록 피하려고 한다. 특히 10분이면 끝날 이야기를 한 시간 동안 질질 끌 때면 더욱 힘들다. 회의 대신 생산적인 전화 통화나 이메일 교환으로 일을 끝낼 수는 없을까? 우리는 '화상회의'에 너무 많은 시간을 낭비하고 있다. 동료나 상사에게 이야기해 보면 다들 동의할 것이다.

가능하면 줌을 끄고 밖으로 나가자. 나는 전화 통화를 할 때는 무조건 밖에서 돌아다니거나 러닝머신 위에서 걷는다. 게스트를 초대해 내 옆에 있는 러닝머신에서 걸으라고 하고 같이 팟캐스트를 녹음할 때도 많다. 연구에 따르면, 몸을 움직이면 창의성과 문제 해결 능력이 80~100퍼센트 높아지고 업무 생산성이 올라가며 정신적 피로가 줄어들고 집중력이 높아져 업무 지속 시간이 늘어난다고 한다.

일하면서 걸을 수 없다면, 그리고 직업상 불가능하다면, 이해

한다. 모두가 화창한 캘리포니아에 사는 것도 아니고 '걸으며 일하는' 방식을 이해해 줄 상사가 많지도 않을 것이다. 하지만 업무 시간에 일어나서 움직여라. 컴퓨터 앞에 몇 시간씩 앉아 있으면 대담함이 사라진다. 서서 일하는 책상이나 러닝머신이 딸린 책상을 갖추도록 시도해 보자. 타이머를 맞추거나 앱을 이용해서 45분마다 일어나 움직이자. 이렇게 에너지를 쓰면 에너지가 올라간다!

일하는 동안 밖으로 나가서 신선한 공기를 마실 수 있다면 그렇게 해보자. 밖에서 10분만 걸어도 남은 하루를 활기차게 보낼 수 있다. 많은 기업이, 심지어 작은 회사들도 건강한 업무 환경을 조성하려고 노력한다. 직원들이 앉아 있는 시간을 줄이고 걷기나 달리기 클럽을 만들어 운영할 때(회사 내에 운동 수업이나 운동 공간을 마련하는 회사도 있다) 사원들의 행복감이 올라가고 팀워크도 쌓이는 효과가 나타난다는 걸 깨달아가고 있다. 이런 혜택을 활용하자. 회사에 이런 제도가 없다면 대담하게 건의해 보자. 모두에게 혜택이 돌아갈 수 있다.

힘든 일부터 처리하기 힘들고 불편하고 지루하기까지 해서 하고 싶지 않은 일을 해야 한다는 두려움을 품고 하루를 보내면 종일 마음이 무겁다. 제안서를 작성하는 일이든 무거운 전화 통화를 하는 일이든 복잡한 보고서를 마무리 짓는 일이든 그 일을 먼저 해보길 권한다. 부담을 덜고 머리를 비워야 대담한 두뇌 에너지가 살아난다.

힘든 일이 있으면 밤에 잠을 이루지 못하기 쉽다. 그 일을 처리해야 목표에 이르는 길이 깨끗해진다는 걸 알기 때문이다. 힘든 일을 며칠씩, 심지어 몇 주씩 미루면 더 힘들어진다. 가장 먼저 해결해야 하는 일인 걸 아는데도 자꾸만 뒤로 넘기고만 있는 것이다.

이 문제로 괴롭다면 그 일을 먼저 하지 못하는 이유를 정확하게 짚어보자. 도움이 필요하면 요청해라. 원하는 것을 요청하는 것은 '필요한' 것을 요청하는 것만큼이나 그 자체로 대담한 행동이다. 시간과 돈이 들어서 망설이는가? 다른 사람이 먼저 나서서 그 일을 해주길 기다리는가? 꼭 필요한 일이지만 지루해서 질질 끄는가? 어떤 일이냐에 따라 다르지만 내가 제시하는 3F 방식(원칙 12)으로 해결이 가능할 수도 있다. 원하면 미리 슬쩍 봐도 좋다. 하지만 3F는 변명하고 회피하는 게 아니라 힘든 일을 해결하기 위한 도구임을 알아두자.

나는 이렇게 생각한다. 시간을 끌며 변명하는 건 거지 같은 일을 해치우지 않으려고 시간을 낭비하는 것이다! 그리고 힘든 일을 끝내면 더 중요한 일을 할 수 있다! 나는 가족과 사업이 동시에 커져서 힘들었을 때 이 교훈을 얻었다. 하지만 힘든 일을 가장 먼저 처리하자 전반적인 의사 결정과 결단력이 향상됐다.

나는 습관, 규칙적인 일상, 매일 치르는 의식을 굳게 믿는 사람이다. 하지만 삶은 예측할 수 없고 때로 융통성이 필요하다는 것도 안다. 갑자기 경고음이 꺼지지 않고 회사가 팔리고 나무가 지붕 위로 떨어지고 엄마가 아프고 아이들이 아프고 아침에 일어나니 목이 따끔거릴지 모른다. 삶은 살아 움직인다. 하지만 크게 보면 규칙적인 일상이 신체와 두뇌에 에너지를 공급할 것이다. 그리고 삶이 커브볼을 던질 때 이 일상이 우리를 회복시켜 줄 것이다. 대담한 습관은 대담함 근육을 예열해 필요할 때 쓸 수 있도록 준비해 준다!

대담함

경험은 두뇌를 바꾼다.
더 멋지고 더 큰 삶을 살고 싶다면
너무도 오랫동안 기대고 있던 담장 밖으로 몸을 던져
대담한 정체성을 심어줄 습관을 실행하자.

　　　　　새 습관을 만들려면 새 행동을 시작하기 전에 일어나는 저항을 극복해야 한다. 일반적인 의욕 부족이나 피로감, 불안, 두려움 등의 부정적인 마음가짐이든 정신없는 일정 같은 현실적인 장애물이든 그 장애물을 치우고 행동하는 데 많은 에너지가 들수록 대담한 여정을 지속하기 어렵다.

　　그래서 내가 습관을 쉽게 기를 수 있는 도구를 알려준 것이다. 괜찮은 삶에서(또는 그저 그런 삶에서) 더 나은 삶, 더 크고 더 대담한 삶으로 나아가 풍요로운 삶을 사는 것은 자기효능감, 즉 '할 수 있다'는 믿음에서 출발한다. 지금까지 배운 원칙을 바탕으로 마음가짐에 리셋 버튼을 누르고 매일 대담한 습관을 실천하면서 정신적 변화를 강화하자. 매일 산책하기, 그날의 할 일 중 제일 어려운 일 먼저 하기 등 어떤 습관이든 좋다. 다만 이 모든 설명은 내가 하지만 대담한 두뇌를 훈련하는 일은 각자의 손에 달려 있다는 사실을 명심하자.

내가 억지로 시킬 수 있는 일이 아니다. 나는 올바른 방향으로 손을 뻗을 수 있게 지침을 줄 뿐이다. 당신은 지금 벼랑 끝에 서서 뛰어내리기 직전이다. 뛰어내릴 준비가 됐다면 이번 원칙은 넘어가도 좋다. 하지만 누가 한 번 더 밀어줘야 한다면 이 이야기가 도움이 될 수도 있다.

습관과 노력을 향한 나의 여정

내 어린 시절, 특히 청소년 시절 이야기에 공감하는 사람이 여럿 있을 것이다. 나는 똑똑하지도 않고 매력도 없고 멋지지도 않았다. 그저 걷고 이야기하는 자책 덩어리였다. 게다가 부끄러움도 많이 탔다. 하지만…… 어찌 된 일인지 끈질기고 거침없었다.

X세대의 '혼자 알아서 하기' 성향 때문일 수도 있고 한동안 싱글 맘 밑에서 자라서일 수도 있다. 경제적으로 고생하는 엄마를 보면서 나는 절대 저렇게 살지 말아야겠다고 다짐했던 기억이 난다. '잘해야 평균'이라는 말을 끝까지 극복하지 못해서였을 수도 있고 쇼핑몰에서 돈을 쓰고 싶어서였을 수도 있다(한 번에 세 가지 아르바이트를 할 때도 있었다. 먹고살 돈이 필요해서가 아니라 직접 돈을 벌면서 독립심과 자유로움을 느끼고 싶었다). 그것이 무엇이었든 뭔가가 내 안에서 불꽃을 튀기며 출발대에 선 나를 떠밀었고 나는 대담해지기로, 그리고 원하는 것을 요구하기로 결심했다.

하지만 여러 번 머뭇거리고 망설였다(지금도 때로는 그렇다). '넌 못 해'라고 머릿속에서 울리는 작은 속삭임을 잠재울 수 없어 시작도 하기 전에 멈출 뻔했다. 하지만 늘 같은 결론으로 돌아왔다. 대담한 마음가짐을 유지하고 매일의 습관으로 강화하는 것. 나이가 들면서 그런 습관도 나와 함께 자라났다. 이제 내 일상적인 습관 가운데 하나인 간단한 일상 운동이 몇 년에 걸쳐 습관에서 내 정체성의 일부로 자라난 이야기를 해보겠다.

우리 동네 유대인 여자고등학교 학생들에게는 오늘날까지도 국제적으로 인정받는 이스라엘 무용단 차이 포크 앙상블(Chai

Folk Ensemble)에 들어가는 것이 통과의례였다. 보통 '차이'라고 불렀는데 친구들 사이에서는 여기 들어가지 못하면 제대로 사는 거라고 할 수 없었다. 소문, 연습 후 뒤풀이, 공연 기념 파티 같은 재미를 하나도 즐길 수 없었으니까. 아마 요즘 10대가 친구들은 다 가지고 있는 핸드폰이 없거나 친구들의 인스타그램이나 틱톡 계정, 아니면 새로 유행하는 SNS 계정에 접근하지 못한다면 그런 기분이 들 것이다. 그게 나였다. 나는 오디션에 떨어졌고 공연단에 끼지 못했다. 나는 무리에서 떨어져 나왔다.

솔직하게 말해서 나는 항상 춤을 못 췄고 특히 차이 오디션 날에는 마음이 불안하고 기가 죽었던 걸로 기억한다. 스텝이 꼬이고 박자를 놓치고 다른 친구들이 오른쪽으로 돌 때 혼자 왼쪽으로 돌았다. 정말 형편없었고 오디션장을 나올 때는 오디션을 보러 왔다는 것부터가 부끄러웠다. 떨어졌다는 소식을 들어도 전혀 충격받을 일이 아니었지만 막상 소식을 듣자 너무 끔찍했다. 친구들이 방과 후에 다 같이 모여서 하는 일을 나만 못할 뿐 아니라 친구들이 엄청 멋진(멋질 게 분명했다) 전통 이스라엘 호라 춤을 배우는 동안 다른 생각을 할 수 있도록 할 일을 찾아야 했기 때문이다.

그 문이 쾅 닫혔을 때, 나는 다른 문의 손잡이를 흔들거나 열린 창문을 찾기로 했다. 찾다 보니 집에서 멀지 않은 곳에 '셰이프(Shapes)'라는 여성 전용 체육관이 있었다. 차이에 들어가지 못한 나는 셰이프에 등록했고 학교가 끝난 후 저녁을 먹기 전까지 친구들이 공연 연습을 하는 동안 매일 이곳에 갔다. 이때는 제인 폰다(Jane Fonda, 다이어트 비디오를 출시하기도 한 미국 배우—옮긴이), 데니즈 오스틴(Denise Austin, 1990년대 에어로빅 비디오를 출시해 명성을 쌓은 피트니스 강사—옮긴이), 리처드 시먼스(Richard Simmons, 에너지 넘치는 모습으로 유명세를 탄 미국 피트니스 전문가—옮긴이)의 전성기였고 내가 다니게 된 에어로빅 강습 역시 색다른 춤으로 인정받고 있었다. 나는 이 춤은 꽤 잘 췄다. 셰이프에 다녀올 때마다 기분이 정말 좋았다.

가끔 학교 끝나고 집에 오면 나가기 싫을 때도 있었다. '너무 피곤해서 운동을 못 하겠어. 다른 애들은 재밌게 공연 연습을 하겠지. 안 가고 싶어. 너무 귀찮아.' 소파에 파묻혀 과자를 먹으며 TV를 보고 싶었다. 하지만 그래도 밀어붙였다. 집에서 아무리 의욕이 떨어지고 기분이 나빠도 강습을 마치고 나면 '언제나' 기분이 좋아졌다는 걸 떠올렸다. 그래서 계속해서 리복 하이톱을 신고 셰이프를 향해 달려갔다. 몇 주가 지나자 조금씩 몸이 좋아지고 머리도 좋아지는 게 느껴졌다.

나는 과체중이었던 적은 없지만 할머니 말씀대로 '재프티그 (zaftig, 이디시어로 둥글둥글하다는 뜻)'였다. 체육관에 푹 빠지자 몸이 변했다. 더 강해지고 근육질이 된 내 몸이 마음에 들었다. 하지만 더 중요한 건 정신적으로도 강해진 기분이 들었다는 것이다. 피트니스는 내 자신감과 자존감을 올려주고 자제력도 길러줬다. 도전하고 새로운 걸 시도하는 게 더 쉬워졌다. 내가 느끼던 불안과 내 단점, 그리고 정신적, 육체적으로 개선하고 싶었던 여러 가지 문제에 피트니스가 답이 되어주었다.

그로부터 25년 후 나는 자체 피트니스 DVD 시리즈를 제작하고 제인 폰다의 프로젝트에 고용되었으며 데니즈 오스틴과 친구가 됐다. 또 유명 리얼리티쇼의 트레이닝을 맡고 팝 스타와 세계적인 운동선수의 트레이너가 되고 피트니스 책을 두 권 쓰고 피트니스와 관련한 신발 회사를 차렸다. 공연단 오디션에는 떨어졌지만 더 좋은 것을 얻었다.

습관이 노력에 기름을 붓는다

피트니스는 단순한 습관이 아니라 내 정체성이 됐다. 피트니스를 습관으로 만들수록 나는 점점 더 피트니스를 하는 사람이 됐다. 이른바 '정체성에 바탕을 둔 습관'을 실행하면 당신에게도 그런 변화가 일어날 수 있다. 다시 말해 과감한 습관을 실천하면 과감한 사람이 된다.

대담한 습관을 새로 기르는 데 어려움을 느낀다면 대뇌의 '변연계 마찰'이 장애물을 놓아서일 수 있다. 신경 과학자들은 변연계 마찰이 어떤 것을 '원하는 것'과 그것을 실제로 '하는 것' 사이의 틈이라고 설명한다. 하지만 몇 가지 간단한 방법으로 이 문제를 해결할 수 있다.

아침에 한 시간 일찍 일어나서 출근하기 전 체육관에 가거나 명상을 하거나 첫 소설을 몇 페이지 쓰기로 했다고 해보자. 그런데 아침 5시 30분에 시계가 울리자 도저히 못 일어나겠다. 아무리 애를 써도 결국 반복 알림 버튼을 누르거나 알람을 끄고 다시 잠들게 된다. 평소보다 일찍 일어나는 데 따르는 이런 긴장감이 변연계 마찰이다. 우리는 두뇌와 신체 사이에 일어나는 전쟁과도 같은 이런 변연계 마찰 때문에 목표를 이루지 못할 때가 많다.

변연계 마찰을 극복하는 가장 좋은 방법은 여기에 도움이 되는 핵심 습관을 마련하는 것이다. 한 시간 일찍 일어나는 새 습관을 시작하려고 할 때 도움이 되는 핵심 습관은 일찍 일어나는 시간만큼 일찍 잠자리에 드는 것이다. 일찍 잠자리에 눕고 아침까지 쭉 자는 데 필요한 핵심 습관은 카페인 섭취를 줄이는 것이다. 잠들기 전 운동복을 챙겨놓거나, 명상하거나 글을 쓸 장소를 준비해 두는 것도 아침 과제를 바로 시작하는 데 도움이 되는 핵심 습관이다. 이렇게 단순하다. 당신의 목표를 이루는 데 도움이 될 핵심 습관은 무엇일까?

새 습관을 들이는 데 따라오는 저항을 극복했으면 다음 목표는 그 습관이 마치 이 닦는 것처럼 자연스러운 생활의 일부가 될 때까지 꾸준히 반복하는 것이다. 이렇게 습관이 반사적으로 실행되도록 두뇌에 고정하는 과정이 바로 신경가소성이다.

경험은 두뇌를 바꾼다. 더 멋지고 더 큰 삶을 살고 싶다면 너무도 오랫동안 기대고 있던 담장 밖으로 몸을 던져 대담한 정체성을 심어줄 습관을 실행하자. 무엇을 기다리는가?

3부

성공은 능력이 아닌
습관이다

목적지가 아닌
방향을 정해라

대담해진다는 것은
삶에서 경험하는 모든 '점'을 모은다는 의미다.
실망스러운 결과를 받아 든다고 해도 그 점을 모아라.
계속 행동하고 나아간다면 결국 가치를 발할 것이다.

대담한 삶은 여행이다. 한 가지 목표를 이루는 게 아니다.

승진, 퇴직 연금 계정에 마법 같은 숫자 채워 넣기, 출산이나 이사 같은 삶의 새 이정표 세우기 등 구체적인 종착지를 설정하면 그 과정에서 어려움이 닥칠 수밖에 없다. 때로는 이런 어려움 앞에서 제대로 방향을 잡았는지 돌아보게 되고 때로는 전혀 기대하지 않았던 새로운 아이디어나 기회를 발견해 방향을 바꾸기도 한다. 또 때로는 통제할 수 없는 상황에 처해 목적지에 도달할 수 없게 된다. 그럴 때는 방향을 틀어야 한다.

나 역시 일과 생활에서 전혀 기대하지 않았던 장소에 가고 기대하지 않았던 사람들을 만나고 기대하지 않았던 모험을 떠났다. 또한 내 삶과 경력은 내가 방향을 돌릴 때도, 아니 특히 그럴 때 더 전진했다. 나는 몇 번이나 방향을 바꿨다. 때로는 내 선택이었고 때로는 어찌할 수 없는 환경에 몰려 그렇게 했다. 그래도 내가 어떤 방향을 향하고 또 삶이 나를 어느 곳에 데려가도 나는 할 수 있다고 믿는 자기효능감만은 바뀌지 않았다. 구체적인 목적지에 도달하겠다는 확신보다 자신을 믿는 마음이 더 중요하다.

제니퍼 허드슨(Jennifer Hudson)은 자기효능감이 무엇인지, 자신이 올바른 방향으로 가고 있다는 믿음이 어떤 것인지 잘 보여준다. 가수이자 배우인 그녀는 2004년 폭스 TV의 「아메리칸 아이돌(American Idol)」 시즌3에 출연해 놀라운 목소리로 심사위원들을 놀라게 하면서 처음으로 이름을 알렸다. 그러나 순위가 7위에 그쳐 일찍 떨어지자 모두 충격을 받았고 제니퍼 역시 마찬가지였다. 하지만 제니퍼의 여정은 여기서 끝나지 않았다. 그녀는 「아메리칸 아이돌」에서 떨어진 후 영화 「드림걸즈

(Dreamgirls)」의 에피 화이트(Effie White) 역으로 오디션을 보았고 이 역할로 아카데미상을 받았다. 그즈음 아리스타 레코드와 계약을 맺고 자신의 이름으로 첫 앨범을 내 50만 장의 판매 기록을 세웠다. 이때부터 제니퍼는 가수와 영화배우로 승승장구했다.

하지만 제니퍼가 「아메리칸 아이돌」에서 우승했다면 어떻게 됐을까? 다른 「아메리칸 아이돌」 우승자들과 마찬가지로 음반 계약을 맺고 투어를 다녀야 했을 것이다. 「드림걸즈」에 오디션을 보는 것도 불가능했을 것이다. 자신의 이름을 올리고 싶지 않아도 계약에 따라 앨범을 내야 했을 수 있다.

제니퍼가 「아메리칸 아이돌」 우승을 최고의 목표로 생각했다면 이른 탈락으로 경력이 망가지고 말았을 것이다. 하지만 그녀는 「아메리칸 아이돌」 우승을 최종 목적지로 생각하지 않았고 실제로 그렇게 생각할 필요도 없었다. 제니퍼는 목적지가 아직 결정되지 않았다고 생각했다. 그러자 실패가 성공으로 가는 방향을 제시했다. 「드림걸즈」의 캐스팅 팀은 제니퍼가 일찍 탈락했지만 실력이 있다는 것을 알아보고 오디션 기회를 제공했다. 제니퍼가 「아메리칸 아이돌」에서 탈락하지 않았다면 이런 기회도 찾아오지 않았을 것이다. 제니퍼는 우승하지는 못했어도 「아메리칸 아이돌」에 참가한 것을 절대 후회하지 않았다.

풍요로운 삶에서 방향은 목표나 목적지보다 훨씬 더 중요하다. 길을 잃었다고 느낄 때에도 과감하게 길을 찾을 수 있는 몇 가지 조언을 제시한다.

삶이 건네는 점들을 이어라, 그리고 그 전에 점들을 수집하라

계획한 대로 일이 흘러가지는 않았지만 돌이켜 보면 좋든 나쁘든 늘 올바른 방향으로 움직이고 있었다고 생각되는 때를 전부 생각해 보자. 애플의 창립자이자 CEO였던 스티브 잡스(Steve Jobs)가 2005년 스탠퍼드 대학교 졸업식 축사에서 이야기했듯이, 당장은 볼 수 없지만 훗날 뒤돌아보면 우리 삶의 크고 작은 경험이라는 '점'들이 어떻게 연결되는지 선명하게 보인다.

잘 알려져 있듯 대학을 졸업하지 않은 잡스는 졸업식 축하 연설에서 낙오자라는 지위가 어떻게 전혀 기대하지 않은 결과로 이어졌는지 이야기했다. 리드 대학은 서체 교육으로 유명했다고 한다. "교정 전체의 모든 포스터, 모든 서랍에 붙은 라벨에 아름다운 손 글씨가 쓰여 있었습니다. 나는 학교를 그만뒀으므로 정규 수업을 들을 필요가 없었지만 이런 글씨를 어떻게 쓰는지 배우고 싶어서 서체 수업을 듣기로 했습니다. 그 수업에서 세리프체와 산세리프체를 배우고 글자의 조합에 따라 글자 사이에 적당한 간격을 두는 방법과 아름다운 글씨체를 아름답게 만드는 요소가 무엇인지 배웠습니다. 아름다웠고 역사적이었으며 과학은 포착하지 못하는 예술적인 오묘함이 있었습니다. 저는 거기에 깊이 매료되었습니다."

잡스는 잠시 서체에 보인 관심이 자신의 미래 계획에 어떤 영향을 줄지 당시에는 전혀 예상하지 못했지만 10년 후 첫 매킨토시 컴퓨터를 설계할 때 바로 이때의 경험이 큰 역할을 했다. "매킨토시는 최초로 아름다운 글자체를 갖춘 컴퓨터였습니다. 제가 대학에서 그 수업을 청강하지 않았다면 맥에 다양한 글꼴이나 자간이 비례적으로 조절되는 폰트가 들어가는 일은 절대 없었을 겁니다. 윈도는 맥을 따라 했으니 이런 글자체가 들어가는 개인용 컴퓨터는 아예 존재하지 않았을 겁니다."

스티브 잡스가 학교를 그만두지 않았다면 모든 애플 제품과 현재 사용되는 거의 모든 개인용 컴퓨터에 들어가는 상징적인 디자인에 영감을 준 서체 수업을 듣지 못했을 것이다. 스티브 잡스는 졸업생들을 향해 "물론 대학에 있을 때는 미래를 생각하며 이러한 점들을 연결하는 것이 불가능했습니다. 하지만 10년 후 돌아볼 때는 아주아주 선명하게 보였습니다"라고 말했다.

구하지 못한 직장, 길을 잘못 들어 도착한 도시, 구멍 난 타이어 같은 여러 '점'이 어떻게든 미래에 연결될 거라고 믿을 때 방향이 드러난다. 한 가지 목적에만 쏠린 관심을 내려놓을 때 더 크고 더 멋지고 더 대담한 여행이 시작된다.

대담해진다는 것은 삶에서 경험하는 모든 '점'을 모은다는 의미다. 나를 키우는 이 경험에는 성공뿐 아니라 실패도 포함된다. 실망스러운 결과를 받아 든다고 해도 그 점을 모아라. 계속 행동하고 앞으로 나아간다면 결국 가치를 발할 것이다. 반대로 전혀 시도하지 않는다면 어디에도 도달하지 못할 것이다. 그러니 실패하더라도, 원하는 것을 얻지 못하고 반대 방향으로 가는 것 같아도, 실패해서 둘러 가고 심지어 낙오하더라도 계속 가라. 몇 달, 몇 년, 심지어 10년도 넘게 걸릴 수도 있겠지만 언젠가 돌아보면, 제니퍼 허드슨과 스티브 잡스가 그랬듯 모은 점이 결국 연결되는 것을 볼 수 있을 것이다.

길을 벗어나는 걸 두려워하지 마라

나는 몇 년 전 「게임 체인저(Game Changers)」라는 텔레비전 쇼를 판매해 제작 계약을 맺은 적이 있다. 새로운 생각을 주도하는 지도자, 사회를 뒤흔든 혁신가, 전반적으로 특출난 사람 등 자신의 분야에서 크게 성공한 사람들의 삶을 엿보는 프로그램이었다. 나는 이들이 일어나는 시간, 먹는 음식, 매일 지키는 일과, 습관, 의식 등 '평범한 하루'를 다루는 프로그램을 만들어서 시청자들이 실생활에 접목해 도움을 받게 하고 싶었다.

개발 계약이 체결되었고 파일럿 프로그램 승인도 받았고 모든 서류에 결재를 받아 카메라를 돌리기 직전이었는데…… 그런데…… 세부적인 내용을 진행할 수가 없었다. 인터뷰하는 대상을 누구로 해야 할지에 대해 나와 제작사의 생각이 무척 달랐다고만 이야기하겠다. 나는 이 시대에 가장 위대한 사람들을 만나고 싶었는데, 제작사는 좀 더 유명인에 초점을 맞췄다. 한 달 동안 이어지던 협상이 두세 달로 접어들더니 여섯 달이 되고 1년 이상 미뤄졌다. 결국 1년 이상 교착상태를 겪다가 내가 손을 떼기로 했다. 하지만 이 뚱뚱하고 커다란 점을 모으자 좋은 기회가 왔다. 나는 내 아이디어를 믿었고 어떻게든 실현하고 싶었다. 그런데 꼭 TV 프로그램이어야 할 필요는 없다는 걸 깨달았다. 팟캐스트 형식으로 쉽게 바꿀 수 있는 아이디어였다. 곧 안트러프러너 미디어(Entrepreneur Media)와 손잡고 '습관과 노력'이라는 주간 팟캐스트를 시작했고 이 프로그램은 수백만 회 다운로드되었다. TV 프로그램에서 하고 싶었던 걸 그대로 다 하면서 TV보다 훨씬 많은 자유를 누릴 수 있었으니 더 좋은 결과였다. 나는 몇 시간 동안 멋진 사람들과 뛰어난 지도자들을 인터뷰한다. 동기부여 전문가 토니 로빈스(Tony Robbins), 배우이자 제작자인 매슈 매코너헤이(Matthew McConaughey), 메이크업 전문가 바비 브라운(Bobbi Brown) 등 다양한 분야에서 두각을 드러내는 전문가들이 점점 늘어나는 내 청중들에게 성공 전략을 진솔하게 전한다.

나는 TV가 내 목적지라고 생각했다. 하지만 목적지에 도착하지 못해 경로를 바꾸자 새롭게 나타난 방향이 나에게 진정한 보상을 안겨주었다.

지도를 챙겨라

지금까지 길을 돌아가거나 아예 벗어나는 것을 망설이지 마라, 목적지보다는 방향이 중요하다고 이야기했다. 하지만 그렇다고 어디로 흘러가는지 아는 여행은 떠나지 말라는 말이 아니다. 우리는 유연하고 강인해져야 하며 실패를 편안하게 받아들이고 필요할 때는 방향을 바꿀 준비가 되어 있어야 한다. 하지만 '위로' 또는 '똑바로 앞으로'처럼 단순하더라도 전체적인 방향을 정하는 것 역시 아주 중요하다. 그리고 그런 '위로' 또는 '똑바로 앞으로'라는 방향의 이면에는 마음속에 그린 목표와 계획이 있어야 한다.

전체적인 방향은 좋은데 목적지를 너무 폭넓게 잡으면(나는 그저 행복하고 싶어…… 그냥 성공하고 싶지…… 난 사랑을 원해……) 가다가 발을 헛디딜 수 있다. 목표를 너무 느슨하게 잡으면 목표를 이루기 어렵거나 잘못하면 다시 원점으로 돌아가서 진짜 원하는 걸 좇기보다는 앞에 놓인 현실에 안주할 수 있다. 많은 목표를 따라가기보다 한 가지에 집중해라. 그런 다음 그 길을 가면서 방향을 바꾸거나 전환해야 할 수도 있다는 점을 염두에 두고 자신만의 로드맵을 설계하자. 자신이 무엇을 원하는지(그리고 그것을 어떻게 이룰지) 좀 더 명확하게 알고 싶다면 다음 질문을 스스로에게 던져보고 그 답을 바탕으로 노선을 짜자.

왜 이걸 하고 싶은가?

이것을 통해 삶이 나아질 것인가?

언제 목표를 이루고 싶은가? 아니면 생각 중인가?

어떻게 얻을 것인가?

누가(또는 무엇이) **나를 도울 수 있나?**

당신이 이미 이런 질문들에 답하기 시작했고 '사소한 것 요청하기' 등 앞서 이야기한 기술을 연습하면서 대담함 근육을 키울 준비를 시작했기를 바란다.

스팽스를 창립한 억만장자 사라 블레이클리는 원하는 것을 얻겠다는 계획을 세우기도 했지만 무엇보다도 언제나 과감하게 움직였다. 로드맵을 짤 때는 그런 구체적인 단계까지 생각하지는 않았다. 늘 빠르게 생각해야 했고 방향을 바꿔야 할 때도 많았지만 그때마다 유연함과 회복탄력성이 빛을 발했다.

사라는 1990년대 후반 팩스를 판매하다가 발이 달리지 않고 몸매를 잡아주는 팬티스타킹 아이디어를 떠올렸다. 하지만 업계에 대한 지식이 없었고 회사를 차릴 자금도 많지 않았다. 하지만 자기 자신과 자신의 아이디어를 믿고(자기효능감을 발휘했다!) 이 공장 저 공장 돌아다닌 끝에 딸들이 좋은 아이디어라고 했다며 제품을 만들어보겠다는 스타킹 제조업자를 만났다.

첫 샘플이 준비되자 블레이클리는 니만 마커스 백화점에 전화해서 댈러스 본사로 날아가 스팽스를 홍보하게 해달라고 요청했고, 끈질기게 전화를 거듭한 끝에 10분간의 회의 시간을 얻어냈다. 일찍이 팩스 기기를 팔면서 거절당해 본 경험이 하나의 점이 됐고 사라는 회사를 세우면서 이 점을 다른 점들과 연결했다. 사무실 기기 영업과 몸매 보정 속옷 영업은 달랐지만 그래도 영업은 영업이었다. "팩스 기기를 팔면서 메시지를 남기면 안 된다는 걸 배웠죠." 사라가 2018년 골드만삭스 1만 소기업 서밋에 참석해 한 말이다.

회의를 시작한 지 5분이 지나 여성 구매 담당자의 흥미가 식는 것을 발견한 사라는 재빨리 전략을 수정해야 한다는 걸 알았다. 사라는 구매 담당자에게 여자 화장실로 같이 가자고 했다. 그러자 담당자가 눈썹을 치켜들고 "뭐라고요?"라고 반응했다. 하지만 결국 사라를 따라온 담당자에게 사라는 제품의 보정 효과를 설명한 후 바로 화장실 문을 열고 들어가 재빠르게 옷을 갈아입고 나와서 스팽스를 입었을 때와 입지 않았을 때 하얀 바지가 얼마나 다르게 보이는지 직접 보여주었다. 밝은색 바지를 자신 있게 입고 싶다는 기분을 한 번이라도 느껴본 여성이라면 이 구매 담당자가 감탄한 이유를 이해할 것이다! 담당자는 그 자리에서 니만 마커스 일곱 개 지점에서 판매할 스팽스를 주문했고 사라의 발명품은 날개 돋친 듯 팔려 그녀를 최연소 자수성가 억만장자 자리에 올려놓았다.

사라 블레이클리의 계획에 여자 화장실에서 강력한 프레젠테이션을 하겠다는 것은 없었을 것이다. 하지만 사라는 회의에서 성과를 내려면 재빨리 방법을 바꿔야 한다는 걸 알았고 결국 성공했다. 사라는 2019년 자신의 마스터클래스(특정 분야의 전문가가 직접 가르치는 수업-옮긴이)에서 원하는 것을 좇아 성공한 사람들에 관해 하는 흔한 오해가 "도약하기 전부터 모든 걸 알고 있었다"고 생각하는 것이라며 "전혀 그렇지 않습니다. 기업가가 되면서 배운 가장 중요한 교훈은 그저 부딪치면서 배워야 한다는 거예요"라고 말했다.

기업가를 목표로 하지 않을 수도 있다. 하지만 블레이클리가 말한 대로 "모든 게 준비될 때까지 기다리려면 영원히 기다려야 한다".

기다리지 마라.

큰 위험과 대담한 움직임의 차이 알기

대담한 사람들은 준비가 됐든 안 됐든 시작한다. 진실을 말하자면, 인생에서 새로운 것을 시작할 때 100퍼센트 준비되는 일은 거의 없다. 산을 오르는 데 필요한 장비와 체력은 준비됐을지 몰라도 모험을 위한 정신적 대비는 다 돼 있을까? 심각하게 다칠 수도 있다는(아니면 더 심각한 상황이 일어날 수도 있다는) 두려움부터 정상에 올랐을 때의 전율까지? 아마도 아닐 것이다. 하지만 꿈이 있기에 어쨌든 출발한다! 자녀를 낳을 외적인 준비는 끝났을 수 있지만 아기가 태어나면 놀랄 일이 정말 많을 것이다(24시간 내내 놀란다고 해도 과언이 아니다). 그때마다 멈춰서 무엇이 잘못됐는지 생각하겠는가? 아니다. 부모가 되는 것은 오래 바라오던 일이었다. 게다가, 당신은 지금 분만실에 있다!

이제 늘 생각해 오던 작은 사업을 시작할 준비가 (정신적으로도 물질적으로도) 되었다. 그런데 누군가 이렇게 물어본다. "위험을 감당할 준비가 됐습니까?" 그 사람은 잠시 멈춰서 모든 걸 잃을 가능성을 고려하라고 할 것이다. 돈! 시간! 명성까지!

대담한 아이디어를 사람들에게 들려주고 건설적인 피드백을 얻고 싶을 때 생각해야 할 아주 중요한 문제가 있다. 듣는 사람이 누구인지, 왜 그런 반응을 보이는지 알아야 한다. 예를 들어 몇 년 동안 꿈꾸던 창업을 앞두고 있다고 해보자. 그럼 자기 사업을 한다는 건 끔찍한 일이고, 복지와 연금이 완벽하게 갖춰진 대기업에 붙어 있어야 한다고 생각하는 사람에게는 계획을 털어놓지 마라. 옹졸한 사람에게 큰 꿈을 이야기해선 안 된다. 여러분의 비전을 높이 평가하고 의심이 많지 않은 사람, 더 나아가서는 비슷한 경험이 있는 사람에게 꿈을 이야기해야 한다. 그 일을 한 번도 해보지 않은 사람이 전적인 응원을 보내고 실패하지 않는 법까지 조언해 줄 거라고 기대하지 말자. 무척 당연한 것 같지만 많은 사람이 늘 이런 실수를 저지른다.

사람들은 여러 가지 이유와 동기를 내세우며 어떤 일을 하라고, 또는 하지 말라고 이야기할 것이다. 가까운 사람이라면 당신이 상처받는 걸 보고 싶지 않아서 그럴 것이다. 예를 들어, 부모는 자녀가 다 큰 성인이라도(특히 성인일 때 더 그렇다) 실패하는 걸 보고 싶어 하지 않는다. 자녀에게 일어날 일을 걱정하는 마음인 만큼 이런 의구심은 이기적인 마음과는 거리가 멀다. 하지만 다른 동기가 있어서 안 된다고 하는 사람들도 있을 수 있다. 형제 중 첫째(보통 책임감이 강한 사람들)가 말린다면 동생의 모험이 제대로 전개되지 않을 때 그 모든 감정적, 재정적 혼란을 자신이 떠맡아야 할 것 같아 속으로 힘들어하는 것일 수 있다. 같이 일하던 동료라면 그런 아이디어를 먼저 낸 사람이 자기가 아니라는 사실에 질투가 일어 형편없는 아이디어라고 헐뜯을 수도 있다.

좋은 친구라도 여러분의 성공을 원하지 않을 수 있다. 과감한 행동을 실행에 옮길 배짱이 없는 사람이라면 친구가 그렇게 대담하게 행동하는 걸 보고(게다가 성공하기까지 하면 더!) 자신은 그렇게 하지 못하는 게 후회스러울 것이다. 자신만 실패하는 기분이 들 바에야 차라리 친구까지 함께 현실에 안주하는 것이 나을 거라고 생각하면서도 그게 자신의 의도라는 걸 모를 수 있다. 이렇게 친구와 가족이 모두 당신의 아이디어가 너무 위험하다고 경고할 수도 있다. '굳이 그래야 할까…… 정말 위험을 감당할 자신 있어? 내가 보기엔 너무 도박 같은데. 나라면 절대 안 할걸…….'

솔직히 말해서 나도 당신이 위험을 감수하는 건 원치 않는다. 아니, 그게 나라도 마찬가지다. 나는 다만 당신이 대담해지기를 바란다. 위험을 떠안는 것과 크고 대담하게 움직이는 것은 다르다. 먼저 그 차이를 알고 움직이는 것이 중요하다.

위험은 승패 방정식, 제로섬, 이것 아니면 저것으로 결정되는 게임이다. 다 얻거나 다 잃거나 둘 중 하나다. 식당 개업을 예로 들어보자. 식당 일은 어느 나라에서든 가장 힘든 일이라고 할 법하다. 하지만 당신은 이걸 정말 하고 싶다. 원하는 게 이것밖에 없다.

위험을 감당한다는 건 식당이 망하면 결국 손해만 본다는 뜻이다. 빚을 질 수도 있고 우울해질 수도 있다. 부모님과 살아야 할 수도 있고 파트너가 떠날 수도 있다. 위험은 거의 아무런 보상도 남기지 않는다.

하지만 대담함은 상생 방정식이다. 대담하다는 건 식당이 실패할 위험이 있지만 자신을 보호하기 위해 할 수 있는 모든 걸 다 했다는 뜻이다.

괜찮은 아이디어라는 확신이 있고 철저한 조사를 마쳤다.

손실을 최소화하기 위해 회계사와 재정 계획을 마련하고 마케팅 및 사업 프로필 구축에 도움을 받는다.

요식업계와 농부 및 지역 내 생산자들 사이에서 끈끈하고 신뢰감 있는 네트워크를 형성한다.

존경하는 셰프와 협력한다. 새로운 요리를 시도하고 특별 메뉴를 주력 메뉴로 바꾸고 자주 찾아오는 단골손님을 늘린다.

이 외에도 많다. 핵심은 로드맵을 마련해 그걸 따라 목적지까지 가며 필요할 때는 도움을 요청하고 때로는 인내하는 것이다. 하지만…… 식당이 어쩔 수 없는 외부 경제 요인으로 힘들어져 다음 임대 계약을 맺기 힘들겠다는 결정을 내린다고 해보자. 이 모든 노력이 허사일까? 그렇지 않다. 대담하게 행동한 사람은 빈손으로 돌아가지 않는다.

당신은 힘든 상황에서 인내할 수 있고 상상한 것보다 훨씬 열심히 일할 수 있다는 걸 배웠다.

직원들에게 인내심을 가지는 법과, 재능이 있어도 다른 사람을 힘들게 하는 직원은 해고해야 한다는 것을 배웠다.

원하던 결과가 나오지 않았지만 모든 걸 잃지는 않았다는 걸 이해하게 되었다. 이번 경험에서 배운 내용을 토대로 새로운 방향을 찾을 수도 있다. 다른 종류의 식당을 열거나 다른 지역에 식당을 열 수도 있고 가장 인기가 좋았던 메뉴는 푸드 트럭에 가장 어울린다는 걸 알게 될 수도 있다.

당신은 성장했고 더 겸손해졌다. 더 강해졌고 더 대담해졌다.

위험은 숭숭 뚫린 구멍에 부정적인 생각이 들어차 있는 것과 같다. 그래서 손해 보거나 다칠 가능성을 끊임없이 생각한다. 대담함은 가능성으로 끓어오른다. 두려움 대신 자신감이 넘친다. 위험을 받아들이면 마지막에는 처음보다 가진 게 적어질 수 있다. 대담하게 움직이면 아무리 최악의 상황이라도 맨 처음으로 돌아간다. 하지만 대부분은 좋아질 가능성이 더 크다. 실패하더라도 손해는 아니라는 믿음이 생긴다.

직장을 그만두고 한동안 생각하던 사업을 시작하는 것은 위험한 일인가, 아니면 대담한 일인가? 새 사업으로 수입이 들어오기 전까지 집세나 식비를 낼 수 없다면 그것은 위험한 시도다. 퇴근 후 또는 주말을 이용해 사업을 시작한다면 그것은 대담한 행동이다.

일, 사랑, 창의적인 활동을 하며 대담하게 움직인다고 희망하던 결과가 모두 나타난다는 보장은 없다. 하지만 그런 시도를 통해 꽤 멋진 점들을 쌓게 될 것이다. 어떤 게 통하고 어떤 게 통하지 않는지 배우고 실패하고 상처받아도 다시 회복하는 법을 알게 될 것이다. 남들보다 한발 앞으로 전진할 것이다.

시작 시기를 골라라

위험을 최소화하는 과정도 마쳤고 이제 대담한 여정을 떠날 준비가 됐다. 이제 어떻게 할 것인가? 다음 날 일어나자마자 시작할까? 월요일에 시작하는 게 나을까? 월초에 시작하는 건 어떨까? 새해 첫날? 아니면 생일이 좋을까? 정답을 말하자면, 그렇다.

『슈퍼 해빗: 완전한 변화로 이끄는 습관 설계』를 쓴 케이티 밀크먼(Katy Milkman) 박사는 기념비적인 날짜를 골라 새로 시작하라고 제안하며 이를 '새 출발 효과'라고 이름 붙였다. 기념비적인 날짜는 생일, 제대로 된 일을 처음 시작한 날, 1월 1일, 졸업한 지 딱 3개월 되는 날 등이 될 수 있다.

밀크먼 박사는 사람들이 의미 있는 날짜에 새로운 노력을 시작할 때 나타나는 영향을 조사했는데, 이 연구에 따르면 개인적으로 인생의 새 장을 상징하는 의미 있는 날을 고르면 원하는 것을 얻을 때까지 인내할 수 있는 동기부여가 된다.

그렇다고 그런 '기념비적' 날짜가 다가오기까지 너무 오래 기다려서는 안 된다. 새해 첫날을 출발일로 정했는데 지금이 2월이라면? 정말 대담하고 괜찮은 이유(사업 계획상 남은 열한 달 동안 창업을 준비한다든가)가 있는 게 아니라면 손 놓고 기다려서는 안 된다. 너무 깊이 생각하지 말고 달력을 보면서 다시 날짜를 잡아라.

달력에 시작하는 날짜를 표시하고 그곳에 '대담한 시작'이라고 써라! 이제 지나간 과거와 더 크고 더 멋지고 더 대담한 미래

사이에 선이 그어졌다. 지도, 방향, 출발일이 정해졌다. 이제 떠
날 시간이다.

원칙 08

의식적으로
호기심을 키워라

관심이 가는 사람을 만난다면 호기심을 발휘해 보자.
무엇을 배울지, 내 질문이 어떤 방향으로 이어질지 모른다.
언제나 열린 마음으로 상대의 대답이 내 목표를 이루는 데
어떤 도움을 줄 수 있는지 찾아라.

나처럼 이름이 조금 평범한 사람이라면 이름이 같은 다른 사람의 이메일을 받는 일이 흔하다. 나는 그런 일이 여러 번 있었고 보통은 보낸 사람에게 답장을 보내 잘못 보냈다고 알려준다. 하지만 몇 년 전에 이상한 일이 있었다. 한 남자가 출판 대리인 '제니퍼 코언'에게 보내야 할 이메일을 나에게 보냈다. 하지만 어떻게 된 일인지 그 사실을 아는 데 시간이 좀 걸렸다.

'내가 아는 사람인가? 익숙한 이름이 아닌데…… 왜 나한테 원고를 보냈지? 중요한 책 같은데. 나보고 읽어보라는 건가? 왜 나한테 원고를 읽어보라고 하지?' 정말 혼란스러웠다!

다른 사람에게 갈 이메일이 잘못 왔다는 걸 깨닫자 이 상황을 기회로 만들어야겠다는 생각이 들었다. 이 남자는 성공한 작가인 것이 분명했다. 내가 배울 만한 흥미로운 이야깃거리가 많을 것 같았다. 만족할 줄 모르는 내 호기심 버튼이 켜졌고 나는 평상시와 같이 '잘못 보내셨습니다'라고 답장을 보내는 대신 움직이기로 했다.

원고를 보낸 남자('원고남'이라고 해두자)의 핸드폰 번호가 이메일 서명란에 쓰여 있어서 그 번호로 전화를 걸었다. 남자가 전화를 받자 나는 내가 제니퍼 코언이지만 당신이 기다리던 그 제니퍼 코언은 아니라고 말한 후 착오로 원고를 받게 됐고 이름 때문에 이메일이 잘못 전달될까 봐 전화했다고 설명했다.

남자의 목소리를 듣자 그걸 알려주겠다고 내가 굳이 전화를 했다는 사실에 얼마나 충격을 받았는지 알 수 있었다. "다른 사람들이라면 대부분 그냥 이메일을 삭제하고 말았을 겁니다."

이런 전화를 받은 사람들 역시 대부분 그냥 고맙다고 인사하고 말았을 것이다. 하지만 원고남은 그러지 않았다. 내 작은 친절을 두고 인간의 본성이 무엇인지, 사람들이 왜 특정 행동을 하는지에 대한 철학적 토론을 이어갔고 우리는 45분이 지나도록 대화를 계속했다. 그렇게 이야기가 길어질수록 나는 원고남의 정체가 더 궁금해졌다.

길고 구불구불한 대화가 이어지는 동안 그가 《포브스》 기고가이며 다른 유력 매스컴 몇 군데에도 글을 쓴다는 걸 알게 됐다. 이제 정말 이 남자가 궁금해졌다. 이 사람의 모든 것을 알고 싶었고 어떻게 글을 쓰게 됐는지도 궁금했!

"전문 작가가 된 지는 얼마나 되셨어요? 어떤 책을 쓰셨죠? 이 책이 첫 책인가요? 몇 권이나 쓰셨는데요? 어떤 내용인가요? 늘 작가가 되고 싶으셨나요?"

그러다 드디어 어떻게 《포브스》 기고가가 됐는지 물었다. 여기에 기회가 숨어 있다는 걸 알 수 있었다. 어쩌면 나도 《포브스》에 기사를 쓸 수 있을지 몰랐다. 나는 머리에 떠오르는 대로 기사 아이디어 몇 개를 던졌다. '최악의 상황이 뭐겠어?'라는 생각이었다. '그냥 전화를 끊거나 다시는 이 사람이랑 이야기를 못 하게 되는 것밖에 더 돼? 거절당한다고 해도 이 남자의 존재 자체도 모르던 한 시간 전으로 돌아갈 뿐이야. 게다가 이 사람도 이야기를 계속하고 싶어 하는 것 같은걸.'

"제가 생산성에 대한 칼럼을 쓰면 어떨 것 같아요?" 내가 물었다. "기업 구성원들이 어떻게 생산성을 높이는지에 관한 좋은 글을 쓸 수 있어요." 에너지와 집중, 규율과 목표 설정 같은 피트니스의 기본 원칙은 업무 생산성을 높이는 습관으로도 활용할 수 있다.

나의 새 친구는 망설이더니 아이디어가 마음에 들긴 하지만 《포브스》 독자들에게 적합한지 잘 모르겠고 편집자가 채택할지도 알 수 없다고 했다. 그렇게 말하면 내가 포기할 줄 알았나 보다.

"그럼, 그걸 알아볼 유일한 방법이 있죠! 물어보는 거예요!"

그는 편집자에게 어떻게 말을 꺼낼지 이리저리 생각하더니 마침내 그러겠다고 했다(내가 그의 전화번호와 이메일 주소를 알고 있으니 절대 이 기회를 놓치지 않을 거라는 사실도 알았을 것이다). 하루나 이틀 만에 답을 주지 않으면 또 물어볼 생각이었고 실제로도 또 연락을 했다. 결국 원고남은 편집자 존에게 나를 소개했고 존이 나에게 연락했다. 몇 차례 이메일을 더 보낸 후에 마침내 생산성 최적화에 관한 기사를 쓸 기회를 얻었다.

며칠 후 포브스닷컴(Forbes.com)에 내 첫 기사가 실렸고 그날 가장 많이 읽은 기사가 될 정도로 인기를 끌었다. 존은 나에게 두 번째 기사를 쓸 기회를 주었고 이를 계기로 나는 6년 동안 리더십과 생산성에 관한 칼럼을 썼다. 그리고 이렇게 이 주제의 전문가가 됐다.

《포브스》 칼럼은 내가 다른 곳에서는 절대 만나지 못했을 사람들을 만나 이야기할 기회를 주었다. 나는 그때까지 거절당한 경험이 많았다. 어떤 사람들이 보기에 나는 '그저' 피트니스 전문가일 뿐이었다. 하지만 나는 그것 말고도 하고 싶은 말이 많았다. 전화 통화에서 드러낸 호기심 덕에 나에게 획기적인 변화가 일어났다.

호기심을 따라 방향을 정하자

잘못 배달된 이메일에 숨은 기회를 잡아 성공한 작가에게 연락한 것이 내 경력의 결정적인 순간이 됐다. 내 배경에 《포브스》라는 이름이 생기자 사람들은 나를 그저 스쾃과 런지를 많이 할 수 있는 여자가 아닌 사업가로, 브랜딩과 협상의 전문가로 진지하게 받아들였다. 내 호기심이 사람들이 가두던 상자에서 나를 꺼내주었다.

그날 전화를 걸었을 때 나는 원하는 결과를 얻기 위해 대담한 습관을 몇 가지 실천했다.

나는 전혀 모르는 사람에게 거는 전화가 가져올 결과에 마음을 활
짝 열고 목적지가 아니라 방향을 따라갔다.

나를 믿었고, 괜찮은 글을 쓸 수 있는 내 능력을 믿었다.

원하는 것을 요구하는 대담한 습관을 실천했다. 나 자신에게도
'최악이 상황이 뭐겠어?'라는 중요한 질문을 던져 의구심을 잠재
웠다.

집요한 호기심을 보였다.

지독한 호기심과 열린 마음이 있으면 대담함의 깊이와 너비
를 확장하고 눈앞에 있는 것에 안주하지 않을 수 있다. 캘리포
니아 대학교 데이비스 신경 과학 센터가 기능적 자기공명 영상
기술로 진행한 연구를 비롯한 여러 연구에서 대상에 대해 진정
한 호기심을 품을 때 가장 잘, 그리고 가장 많이 배울 수 있다는
사실을 보여주었다. 이를 두뇌의 '소용돌이 효과'라고 부르는데,
우리가 어떤 주제를 궁금해하면 두뇌가 그 정보를 흡수하고 유
지할 뿐 아니라 자극을 받아 주변 지식까지 끌어들인다는 것이
다. 다시 말해 어떤 상황에 들어가면서 한 가지를 궁금해하면

여러 가지를 배워서 나올 수 있다.

이 현상은 대담한 길을 걸어가는 일상생활에도 적용된다. 일례로 사교 모임에서(또는 카페에서) 옆에 서 있는 사람이 궁금하면 질문을 몇 가지 던질 것이고 그렇게 얻은 정보를 앞으로 유용하게 활용할 수도 있다. 나는 원고남과 그의 작가 경력이 정말 흥미로웠고 늘 그렇듯 많은 질문을 던져 활발한 대화가 이어진 덕에 긍정적인 방향으로 갈 수 있었다.

다음에 약간 관심이 가는 사람을 만난다면 호기심을 발휘해 보자. 무엇을 배울지, 내 질문이 어떤 방향으로 이어질지는 모르는 일이다. 언제나 열린 마음으로 상대의 대답이 내 목표를 이루는 데 어떤 도움을 줄 수 있는지 찾아라. 조금이라도 틈이 보인다면 그 틈을 넓게 열어서 살펴볼 게 있는지 찾자. 그 사람이나 그 사람의 고객 또는 의뢰인에게 가치를 더할 방법을 보여 줄 준비를 해라. 원하는 것을 얻기 위해 얼마나 열심히 일할 준비가 되어 있는지 확실히 알려라. 원하는 반응이 나오지 않거나 반응이 전혀 없다면 다시 시도하자. 계속해서 노력해라. 지속적인 노력은 빛을 발한다. 다음과 같은 대담한 행동으로 호기심을 키워라.

1. 낯선 사람에게 말 걸기

새로운 사람을 만날 기회를 절대 지나치지 말자. 다음 저녁 모임이나 회사 행사에서는 친구나 동료 옆에 앉지 말자. 모르는 사람 사이에 자리를 잡고 앉아 깍듯하게 자기소개를 한 다음 개방형 질문을 던지자. 혼자 칵테일을 홀짝이는 사람을 찾아 대화해 보자. 같은 장소에 있다는 것 말고는 공통점이 하나도 없지만 일단 호기심을 갖기 시작하면 이 사람이 왜 내 궤도에 등장했는지 알 수 있을 것이다.

2. 하루에 한 명씩

하루에 한 명씩 새로운 사람을 만나보자. 실수로 이메일을 잘못 보낸 사람도 좋고 공유 사무실에서 옆자리에 앉은 사람이나 자녀의 축구 시합에서 옆에 앉은 학부모도 좋다. 그 사람이 누구인지 무슨 일을 하는지 왜 그 일을 하는지 집요할 정도로 호기심을 가져보자. 진지하고 진실하게, 그리고 열린 마음으로 그들의 대답을 따라가 보자.

3. 파티에서 낯선 사람 만나기

파티를 열면서 손님들에게 내가 한 번도 만난 적 없고 다른 손님들도 잘 모를 것 같은 사람을 데리고 오라고 해보자. 손님들을 모르는 사람끼리 둘씩 묶어라. 둘 중 한 명이 15분 동안 상대에게 질문하되 자기 이야기는 전혀 하지 않는다. 다음에는 다른 쪽이 15분 동안 질문한다. 30분이 지나면 모두가 1~2분 정도 돌아가면서 자신의 파트너를 평생 알아온 것처럼 모든 손님에게 소개하는 시간을 갖는다.

우리 부부는 다양한 친구 모임을 초대해 '게임 나이트'를 여는데 그럴 때 친구들에게 모임 사람들이 잘 모르는 사람을 데리고 오라고 부탁해서 흥미를 더한다! 우리는 픽셔너리(그림을 그려 단어를 설명해서 맞추는 게임—옮긴이) 같은 게임도 하고 팀을 나눠 힌트와 몸짓으로 유명인의 이름을 추측하는 '셀러브리티(Celebrity)'라는 게임도 한다(온라인에서 게임 방법을 쉽게 찾을 수 있는 인기 있는 게임이다). 이런 게임을 하면 어색한 분위기를 깨고 많이 웃을 수 있으며 부담 없이 호기심을 끌어올릴 수 있다.

4. 토끼 굴로 내려가라

호기심은 당연히 새로운 사람을 만나는 데만 한정되지 않는다. 한동안 호기심을 느껴 계속 생각한 주제가 있는가? 호기심을 마음껏 발산해 깊이 뛰어들어라(이럴 때 실컷 구글 검색을 하면 좋다). 두뇌에 불을 붙여 마음껏 타오르게 할 때 어떤 걸 배울 수 있을지는 아무도 모른다.

호기심은 대담함을 키워줄 것이다. 이제 또 다른 필수 자질인 순진함을 살펴보자.

순진함은
강점이 될 수 있다

모든 것을 안다고 생각하면
누군가, 혹은 무언가가 계획을 방해할 때 당황할 수 있다.
방에서 가장 똑똑한 사람의 정반대가 될 마음이 있다면
더 열린 마음으로 원하는 것을 좇게 될 것이다.

호기심이 기회의 문을 열어주는 좋은 방법이
라면 순진함은 그 문을 통과해 걸어갈 수 있게 하는 좋은 특성
이다. 순진함이 전진을 방해하는 부정적인 특성이라고 생각할
수도 있지만 나는 일찌감치 순진함이 대담함을 끌어올릴 뿐 아
니라, 원하는 것을 좇는 데 방해가 되는 '나이와 경험이 필요하
다'는 생각을 막아주는 강력한 자질임을 발견했다.

내가 토론토에 살던 20대 시절 바버라 월터스(Barbara Walters,

NBC의 「투데이」, 「20/20」, 「더 뷰」 등을 진행한 미국 언론인—옮긴이)가 다양한 세대와 배경을 지닌 강력한 여성들과 함께 낮 시간대 토크쇼 「더 뷰(The View)」를 시작했다. 나는 유명한 프로그램이 된 이 토크쇼에 처음부터 푹 빠져 흥미로운 주제와 논란거리를 두고 다섯 명의 공동 진행자가 뛰어들어 펼치는 토론을 매일 열심히 시청했다.

하지만 「더 뷰」의 첫 두 시즌이 끝날 때쯤 보니 패널들이 토론하는 '핫 토픽'이나 유명인 및 전문가 코너가 나 같은 20대에게는 공감을 얻지 못하고 있었다. 그때 시장의 틈새가 보였고 「더 뷰」 같은 프로그램을 20대 여성을 겨냥해 제작하면 그 틈을 채울 수 있을 것 같았다. 경험은 없었지만 내가 그 역할을 할 수 있을 듯했다. 20대 여성을 위한 캐나다 토크쇼를 직접 제작해 「블라블라블라(Blah Blah Blah)」라고 이름 짓는 것이다.

좋은 아이디어였다. 아니 천재적인 아이디어였다! 다른 건 생각할 필요도 없었다. 대박을 터뜨릴 게 분명했다. 「더 뷰」의 포맷이 이미 성공을 거두었으니 나도 그걸 따르되 콘텐츠를 약간 바꾸고 20대 여성 다섯 명을 공동 진행자로 섭외하면 될 것 같았다. 어려울 게 뭐 있겠는가?

참 자신만만했다! TV 프로그램을 기획해서 선정되고 전국 방송에 나갈 거라고 기대한 내가 조금 순진했던 건 사실이었다. 나는 TV 업계에서의 경험이 없었고 방송국 사람을 알지도 못했다. 그런데도 왜 방송국에서 아이디어가 있다는 젊은 여자를 그냥 쉽게 만나줄 거라고 생각했을까? 이런 이성적인 질문들을 숙고한 뒤에 결정한 건 아니지만 사실 내 선택은 올바른 결정이었다.

정신 나간 아이디어가 떠오르면 똑같이 정신 나간 친구에게 함께하자고 손을 내밀게 된다. 내 절친 로라는 나처럼 투지가 넘치고 야심만만한 성공 지향적인 친구로 크고 대담한 아이디어라는 열차에 뛰어들고 싶을 때 내가 항상 찾는 친구였다.

로라와 나는 캐나다에 존재하는 모든 TV 프로듀서에게 전화를 돌리기 시작했다. 전화를 걸고 또 걸었다. 우리는 놀라울 정도로 집요했다. 드디어 대형 프로덕션 회사 사장이 우리를 만나보겠다고 했다. 그 사람은 우리 아이디어를 좋아했고 1,500달러를 주면서 15분짜리 데모 테이프를 만들어 오라고 했다. 아무리 캐나다의 TV 프로그램 제작비가 미국보다 저렴하다고 해도 많은 돈은 아니었다. 우리는 비디오카메라도 조명 기구도 음향 시설도 영상 편집 기술도 촬영할 스튜디오도 없었다. 어떤 상황이었는지 그림이 그려질 것이다. 그래도 데모 영상을 만들겠다는 의지와 멋진 아이디어는 많았다! 우리는 저스트 포 래프(Just for Laughs) 코미디 페스티벌이 열리는 퀘벡 주 몬트리올에 가서 그곳에서 공연하는 유명한 북미 코미디언들과 할리우드 스타들을 인터뷰하며 며칠 동안 놀다 오기로 했다.

완벽한 계획이었다. 예산이 얼마 안 된다는 것만 빼면. 토론토에서 몬트리올까지 가는 주유비, 식비, 코미디언이 많이 묵는 호텔의 이틀 숙박비를 빼니 남는 돈이 없었다. 저스트 포 래프에 들어가려면 필요한 입장권을 살 돈도 없었다. 그래서 포기했냐고? 당연히 아니다! 우리는 행사장 안에 들어가서 인터뷰 영상을 찍자고 단호하게 마음을 먹었다. 입장권과 비디오카메라만 있으면 됐다.

첫 번째 문제는 카메라를 구하는 것이었다. 페스티벌 입장권을 구하더라도 카메라와 마이크가 있어야 인터뷰 영상을 찍을 수 있을 테니까. 하지만 별로 어렵지는 않았다. 음, 조금 속임수를 썼다고는 할 수 있지만……. 우리는 쓰고 다시 돌려줄 생각으로 베스트 바이(Best Buy, 북미 전자제품 판매점 체인-옮긴이)에서 8밀리미터 카메라와 마이크를 샀다. 그다음 미술용품점에 가서 저스트 포 래프의 출입증에 달린 끈과 완전히 똑같은 검은 끈을 찾았다. 그 끈을 목에 걸치고 끝부분을 셔츠 아래 집어넣어서 입장권이 우연히 옷 안에 들어간 것처럼 보이게 했다. 효과가 있었다! 우리는 유유히 경비를 지나 페스티벌 행사장으로 대담하게 들어갔다.

정문을 통과한 다음에는 매니저, 프로듀서, 에이전트, 그리고 우리가 데모에 넣고 싶은 스타들을 모두 만나 이야기를 나눴다. 로라와 나는 마치 이미 방송하고 있는 프로그램의 수준 높은 촬영 팀인 것처럼 최선을 다해 멋진 사람들을 인터뷰했다. 하지만 처음 찍은 테이프 영상을 확인하니 엉망이었다. 음향은 최악이었고 조명은 더 심했다. 우리의 의지는 대단했지만 현실적으로 볼 때 이런 엉터리 데모 테이프로 할 수 있는 건 아무것도 없었다.

다행히 행사장에는 노련한 TV 방송인이 많았고 그중에 우리 인터뷰를 촬영해 주겠다는 친절한 ABC 방송국 촬영기사가 있었다. 그렇게 우리는 하위 맨델(Howie Mandel, 「아메리카 갓 탤런트」의 심사위원으로 오래 활동한 캐나다 출신의 배우이자 코미디언—옮긴이)과 프레드 윌러드(Fred Willard, 「모던 패밀리」 등에 출연한 미국 남자 배우—옮긴이)를 만나고 「베벌리 힐스 90210」의 루크 페리(Luke Perry)도 인터뷰했다!

아무 경력이나 자격증도 없는(출입증은 말할 것도 없고) 여자 두

명이 코미디언과 배우 약 스무 명을 만나 첨단 장비를 갖춘 베테랑 촬영기사의 도움으로 아직 존재하지도 않는 TV 쇼를 위한 인터뷰 영상을 촬영했다. 무모하고 대담한 여행을 마친 후 토론토에 돌아와서(물론 카메라는 베스트바이에 돌려줬다) 촬영한 필름을 내 돈으로 전문가에게 맡겨 15분짜리 낮 시간대 TV 프로그램 데모 영상으로 편집했다. 업계 최고 프로듀서가 분명 좋아할 거라고 확신하면서.

그리고 정말 그렇게 됐다! 프로듀서는 크게 감동했다. 하지만 「블라블라블라」가 방송으로 만들어졌을까? 아니다. 결정은 내가 할 수 있는 게 아니었다. 내가 할 수 있는 건 프로그램이 방송될 수 있도록 최선을 다한 그 여행까지였다. 그러니 내 대담한 행동은 실패하지 않았다. 나는 이 경험을 통해 방송 제작에 대해 많은 걸 배웠고 이후 경력에서 유용하게 쓸 수 있었다.

「블라블라블라」의 문은 닫혔지만 새로운 기회가 열렸다. 할리우드 기획사의 에이전트 몇 명이 「저스트 포 래프」에서 거침없이 돌진하는 내 모습을 눈여겨봤다. 내가 열심히 노력하는 걸 보고 좋은 에이전트나 매니저가 되겠다고 생각한 것이다. 나는 로스앤젤레스에 있는 연예인 매니지먼트 및 TV·영화 제작사인 스리 아트 엔터테인먼트(3 Arts Entertainment)의 교육 프로그램에 들어오라는 제의를 받았다.

그래서 짐을 싸서 LA로 갔다가 한 열흘 후에 그만뒀다. 비서들이 유명 연예인들에게 꽃을 잘못 주문했다고 심하게 꾸짖음을 당하고 드라이클리닝 맡긴 옷을 찾아오지 않았다고 욕을 듣고 잃어버린 개를 찾아주지 않았다고 침 세례를 받는 걸 목격했기 때문이다. (농담이 아니다. 어린 교육생이 유명인의 개를 찾으러 할리우드 힐스까지 가면서 "그놈의 개 못 찾으면 굳이 돌아올 것 없다"라는 말을 들었는데 이 불쌍한 남자는 결국 돌아오지 못했다. 지금도 그놈의 개를 찾아다니고 있을 수도 있다.)

내가 너무 '착한' 캐나다인이라서 그런지는 모르겠지만 하루 종일 그런 거지 같은 일을 겪는 건 견딜 수 없었다. 대담하다는 게 사람들에게 먼지 취급을 받고도 가만히 있는다는 뜻은 아니다. 또 연예인 에이전트로 경력을 쌓고 싶지 않다는 사실도 깨달았다. 내 상사는 전혀 나쁜 사람이 아니었는데 내가 그만두겠다고 했더니 열흘이나 버틴 게 놀랍다고 했다! 다행히 이 기획사에서 만난 다른 사람을 통해 소니 레코드의 한 사업부인 이모탈 레코드(Immortal Records)에 일자리를 얻은 덕에 새 회사에서 다음 대담한 행동을 하기 위한 발판을 마련할 수 있었다.

나는 새 회사에서 내 아이디어 밀기, 목적지가 아닌 방향 따라가기, 지독할 정도로 호기심 키우기(나는 사람들에게 질문하는 게 좋다!) 등 여러 대담한 원칙을 실천했다. 하지만 이때의 경험에서 정말 도움이 됐던 것은 내 순진함이었다. 나는 순진했던 덕에 LA까지 가서 경력을 쌓기 시작했다. 데모 테이프를 만드는 게 얼마나 어려운 일인지 알았더라면 포기했을 수도 있다. 방송 제작 경험을 몇 년 쌓았다면 완벽한 데모를 만들 온갖 방법을 생각하다가 정보 과다로 테이프 제작을 마치지 못했을 수도 있다.

그리고 중요한 교훈이 하나 더 있다. 무엇을 원하는지 아는 것만큼 무엇을 원하지 않는지 찾는 것도 중요하다. 다양한 경험을 시도하는 것이 방향을 정확하게 조정하는 데 도움이 된다.

덜 알수록 더 자유롭다

순진한 사람은 경험과 지식이 적을지 몰라도 잘 알지 못하기 때문에 오히려 기회를 잡을 확률이 높다. 장애물이 나타났을 때에도 다른 사람들은 너무 잘 알아서 찾지 못하는 주변 길을 더 잘 볼 수 있다. 너무 잘 아는 사람들은 '안 돼', '넌 못 해', '그렇게 하지 마', '넌 경험이 부족해' 같은 말을 너무 많이 들어서 세상이 원래 그렇다고 생각한다. 규칙과 지침과 경계에 붙잡히면 싫증과 두려움을 쉽게 느끼고 융통성이 사라져 쉽게 얻을 수 있는 것에 안주하려고 한다. 하지만 순진한 사람은 규칙과 지침과 경계가 있다는 것조차 모르기 때문에 이 모든 장벽을 쉽게 부순다!

대담한 사람들은 경험이 부족하다는 걸 알기 때문에 목표를 이루기 위해 더 열심히 노력하고 더 큰 기회를 잡으려고 한다. 모른다는 점을 장점으로 활용하는 방법 몇 가지를 소개한다.

나이에 맞게 행동하지 마라

토크쇼 제안서를 돌릴 당시 내게는 어리고 순진하다는 점이 이득이 됐다. 하지만 순진함을 펼치겠다고 다시 20대가 될 수는 없는 노릇이다. 우리의 한계는 나이가 아니라 마음가짐이 정한다. 우리는 나이 들수록 더 아는 게 많아지고 그로 인한 혜택도 얻는다. 하지만 동시에 나이가 들수록 할 수 있는 일과 할 수 없는 일을 제한하고 그에 따라 우리 운명이 결정되도록 놔둔다.

나이가 너무 많다는 생각 때문에 경력이나 인간관계를 새로 시작하지 못하는 등 하지 않은 일을 모두 생각해 보자. 태어난 해를 잊어버린다면 할 수 있을 모든 일을 상상해 보자. 대담해지지 못할 정도로 많은 나이는 없다. 순진함이 사라졌을 정도로 경험이 많은 사람도 없다.

버진 그룹 창립자 리처드 브랜슨(Richard Branson)은 놀라울 정도로 성공한 그의 인생에서 10년마다 마음껏 순진함을 드러냈다. 우선 소매업에 대해 거의 아는 게 없으면서도 스무 살에 첫음반 매장을 냈고 2년 후 버진 레코드라는 음반사를 차렸다. 나이가 들어서도 순진함을 이용해 대담한 행동에 박차를 가했다. 30대에는 미래의 부인을 만나러 가는 비행편이 취소되자 항공업계 경력이 전혀 없으면서도 자신이라면 비행사 운영을 더 잘할 거라고 생각했다. "비행기 한 대를 빌리고 칠판을 하나 구해서 칠판 위에 '버진 항공, BIV(영국령 버진아일랜드) 편도 39달러'라고 썼어요." 브랜슨이 CNBC의 팟캐스트 '용감한 사람들(The Brave Ones)'에 출연해서 한 말이다. 그는 사람들을 채워 첫 비행을 마친 후 보잉(Boeing)사에 중고 747을 몇 대 팔라고 설득했다고 한다. 보잉은 브랜슨의 순진함에 망설였지만 결국 버진 항공에 비행기 여러 대를 판매했다.

이후에도 역시 10년마다 어떤 사람들은 순진하다고 할 법한 대담한 행동을 계속했다. 간략하게 말하자면……

브랜슨은 40대에 통신 사업에 뛰어들어 버진 모바일(Virgin

Mobile)을 차리고 철도 사업도 시작했다.

50대에는 은하계 사이를 비행하는 시대가 올 거라고 예상하며 버진 갤럭틱(Virgin Galactic)을 설립했다.

60대에는 영국 국민건강보험과 함께 버진 케어(Virgin Care) 클리닉 체인을 통해 보조금을 지급하는 의료 서비스를 시작했다.

버진 갤럭틱을 시작한 2004년에는 우주에 로켓을 날리겠다는 생각이 순진했을 수 있지만 리처드 브랜슨은 2021년 7월, 71세 생일을 며칠 앞둔 어느 날 버진 갤럭틱 유니티 우주선을 타고 15분 동안 우주를 날았다.

브랜슨은 기업가로 성공한 원인을 순진함과 미숙함에서 찾았다. "순진하다는 소리를 들을까 봐 걱정하지 마세요." 이제는 유명해진 브랜슨의 말이다. "저는 순진함 덕분에 성공했답니다."

아는 것이 아니라 원하는 것을 따라가라

전 세계적으로 3000만 장의 음반을 판 싱어송라이터 주얼(Jewel)은 열아홉 살의 나이에 서부 해안 카페에서 노래를 부르다가 애틀랜틱 레코드 임원에게 스카우트 제안을 받았다. 애틀

랜틱 레코드는 발 빠르게 주얼에게 백만 달러 음반 계약을 제안했다.

업계에 들어가려고 하는 사람이라면 누구나 이 제안을 즉시 받아들였을 것이다. 레코드사 임원이 재능 있는 가수를 발굴해서 크고 멋진 사무실로 초대한 다음 한 번도 꿈꿔보지 못한 금액을 제시하며 계약서에 사인해 달라고 하면 나머지는 음악계의 전설이 되는 일만 남은 것일 테니 말이다. 그렇지 않은가? 하지만 음반 업계가 어떻게 돌아가는지 안다면 대부분의 계약은 음반사가 창작에 대한 통제권을 상당 부분 가져가 가수의 동화 같은 꿈을 악몽으로 바꿔버린다는 것도 알 것이다. 업계의 방식대로라면 그렇다.

하지만 주얼은 그걸 몰랐다. 그것이 주얼의 힘이었다.

주얼은 관행적인 제안을 받아들이지 않고 도서관에 가서 조사를 했다. 그래서 자신이 받은 계약서는 선금 이외에는 지급이 보장되지 않는다는 것을 알게 됐다. 그리고 음반사가 선금만큼 음반을 팔지 못하면 자신이 나머지 금액을 음반사에 돌려줘야 한다는 것도 알았다. 음반사에서 쫓겨나 다시 노숙자가 되고 빚도 갚지 못할 가능성이 높았다. 또 무엇보다 일단 그 회사와 계약하면 어떤 음악을 만들고 어떻게 부를지 회사가 결정하게 된다는 것도 알았다. 그런지 록이 절정을 달리던 1990년대에 포크송을 부르던 주얼은 자신의 스타일이 아닌 노래를 쓰도록 강요받으면 소규모 공연장에서 자연스럽고도 강력하게 자라난 자신의 팬 기반을 잃어버릴 것 같았다.

주얼은 자신이 원하는 것이 무엇인지 알고 있었다. 그녀는 자신에게 그리고 음악에 진실해지기를 원했고 이를 음반사에서 약속하는 부와 명예 위에 두기로 했다. 그래서 백만 달러 음반 계약을 거절하고 대신 후지급금 액수를 늘린 다음 월세와 필수 생활비를 낼 수 있는 급료를 조금씩 받기로 협상했다.

이러한 계약 구조에 따르면 음반사는 첫 앨범을 낸 후 순위가 오르면서 팬이 늘어날 때까지 기다려야 했다. 주얼의 첫 번째 히트곡 「누가 내 영혼을 구할까(Who Will Save Your Soul)」는 1995년에 나와 빌보드 핫 100 순위에서 11위까지 올랐다. 주얼이 열여섯 살에 노숙자가 됐을 때 쓴 첫 노래였다.

주얼의 대담한 행동은 지금 보면 똑똑한 결정 같아 보인다. 하지만 음악 산업에 대해 잘 몰랐기에 당시 표준으로 여겨지던 것보다 더 좋은 조건으로 계약을 맺을 수 있었다. 그녀는 원하는 음악을 쓰고 부를 수 있는 자유를 얻었을 뿐 아니라 관행적인 음반 계약으로 벌 수 있는 것보다 훨씬 많은 돈을 벌었다.

잘 모르면 부딪히면서 배워라

에이든 브라이언트(Aidan Bryant)는 열네 살 때 유튜브에서 가수 핑크(Pink)의 공중 곡예 공연을 보고 너무도 감동해 아무 경험도 없지만 직접 해보기로 했다. 에이든은 부모님이 체조 수업이나 공중 곡예라는 전문 분야 훈련을 시켜줄 형편이 아니라는 걸 알면서도 멈추지 않았다. 그는 핑크의 영상을 샅샅이 찾아보고 유튜브에서 다른 공중 곡예 동작을 연구한 끝에 한번 시도해 보기로 했다. 할머니의 침대 시트를 나무에 묶고 배운 걸 연습하기 시작했다. 에이든의 가족들은 "안 돼, 유튜브 영상을 보고 공중 곡예를 배울 순 없어"라고 말하지 않고 에이든을 격려하며 좀 더 어려운 동작을 연습할 수 있는 여러 방법을 생각해 냈다.

2년 후 철저하게 독학으로 연습한 열여섯 살 소년은 NBC 프로그램 「아메리카 갓 탤런트」 심사위원들 앞에서 공중 곡예를 선보였다. 에이든은 심사위원 네 명을 모두 놀라게 하며 다음 라운드에 진출했고 매주 경쟁에서 이겨 최종적으로 전체 2위에 올랐다(내가 볼 땐 에이든이 1등이었다!).

에이든은 결연한 바람으로 그 자리까지 올랐다. 미숙함을 핑계 삼지 않았다. 정식 교육을 받지 않았다고 그만두지도 않았다. 원하는 것을 따라갔고 제일 높은 곳을 향해 올라가면서 더 배웠다. 유튜브에서 핑크를 보는 것도 좋지만, 안 된다는 대답을 버리고 긍정적인 대답에 귀 기울인 사람에게 진정한 배움을 얻고 싶다면 유튜브에서 에이든을 찾아보기 바란다.

절대 모른다고 원하는 것을 포기하지 마라. 모르는 게 힘이라고 생각하자. 더 노력하게 될 것이다. 새로운 아이디어를 시도하고 새로운 방향으로 가보게 될 것이다. 가르침을 찾아다니게 될 것이다. 무엇이든 해보게 될 것이다! 그리고 에이든처럼 높이 날아오를 것이다.

지식은 힘이다, 하지만 순진함도 마찬가지다

준비하고 조사하고 계획을 세우는 건 현명한 태도다(너무 순진하면 다른 사람에게 이용당할 수도 있다. 하지만 방향성과 호기심 같은 대담한 기술을 쓴다면 유리한 쪽으로 균형이 잡힐 것이다). 그런데도 모든 걸 다 알지는 못하는 것 같아서 대담한 도약을 망설이게 된다면 부족한 지식이 대담한 이점이 될 수도 있다는 걸 기억하자. 모든 것을 안다고 생각하면 누군가, 혹은 무언가가 계획을 방해할 때 당황할 수 있다. 방에서 가장 똑똑한 사람의 정반대가 될 마음이 있다면 더 열린 마음으로 배우고 새로운 해법으로 문제를 해결하며 원하는 것을 좇게 될 것이다.

순진함을 연습해라. 늘 해보고 싶었지만 방법을 모르겠는가? 한 번도 안 해봤다면 플라이 낚시(벌레 모양의 가짜 미끼를 단 낚싯줄을 멀리 던져 물고기를 낚는 낚시−옮긴이)를 해보자. 프랑스어를 배워보자. 흰 캔버스와 물감을 구해 작품을 만들어보자. 발리우드 댄스나 테니스 강습을 받아보자. 지역신문에 칼럼을 써서 보내보자. 수입을 얻으라는 게 아니다. 답을 다 알 수 없어 불편하더라도 어쨌든 연습해 보면서 어떤 결과가 나오는지 살펴보라는 것이다. 분명 자신만의 대담한 길을 더 멀리 가는 데 도움이 될 것이다.

평범함은
초능력을 만든다

평범함은 성취욕을 부르는 대단한 능력이다.
늘 있었지만 미처 보지 못한 선물 같은 장점을 발전시켜
한 영역의 약점을 보충하게 다그치는 힘이 바로 평범함이다.
우리는 평범함 덕에 기대를 뛰어넘고 원하는 것을 얻는다.

　나는 보통은 성공한 사람과 연결하지 않는 성품, 바로 평범함을 높이 산다.

　우리는 어릴 때부터 '최고'가 되라고 배운다. 가장 똑똑하고 가장 빠르고 가장 재미있고 가장 예쁘고 항상 이기는 사람이 되라고. 하지만 솔직히 말해서 대부분은 '최고'라는 범주에 들어가지 않고 그렇다고 '최악'에 해당하지도 않는다. 대부분 그 중간이다. 나도 그랬다. 평균적이면서 평범했다. 어떤 사람 눈에는

평균에도 못 미쳤을 수 있다.

하지만 평범함에는 그 말에 함축된 부정적인 의미에도 불구하고 진정한 가치가 있다. 사실 나는 평범함이 성취욕을 부르는 대단한 능력이라고 생각한다. 늘 우리에게 있었지만 미처 보지 못한 선물 같은 장점을 발전시켜 한 영역의 약점을 보충하게 다그치는 힘이 바로 평범함이다. 우리는 평범함이라는 특성 덕에 자신의 기대치를 넘어 생각하고 장점에 기대 약점을 보충하면서 원하는 것을 얻도록 전략을 짠다. 이 원칙을 생각하면서 다음에 이야기하는 포인트를 마음에 새기기 바란다.

괜찮아도 괜찮아

허리나 무릎이 아파본 적 있는가? 신체의 한쪽이 아프면 자연스럽게 안 아픈 쪽의 근육을 더 써서 약한 쪽을 보충한다. 그 덕에 우리는 계속 몸을 쓸 수 있다. 하지만 강한 부위와 약한 부위의 균형을 맞추는 것은 육체뿐 아니라 개인의 성격과 기술에도 적용될 수 있다. 모든 분야에서 '최고'가 되는 것은 불가능하다. 하지만 많은 걸 괜찮게 하는 수준으로도 꽤 멀리 갈 수 있고 못하는 걸 보충할 방법을 찾으면 더 멀리 갈 수도 있다.

평범함이 자산이 될 수 있다는 증거가 바로 나다. 내가 '평범한' 성적을 어떻게 지략과 의지와 교실을 벗어나는 독립심으로 보완했는지는 이미 이야기했다. 내 평범함의 결과로 나타난 근성 덕에 나는 몇십 년 동안 잘 살아왔다. 평범함은 나를 대담하게 만들었고 대담함은 나에게 풍요로운 삶을 가져다주었다. 풍요로운 삶이란 그럭저럭 괜찮은 삶에 절대 안주하지 않는 삶이다. 그럼에도 나는 더 높이 올라갈 수 있는 그 모든 방법을 보지 못한 채 자신의 평범함에 안주하는 불만족스러운 사람들을 계속해서 만난다.

• '좀 별로야……'와 '응, 안 해'의 차이

혹시나 해서 말해두는데 평범함을 받아들이는 것과 그럭저럭 좋은 대로 안주하는 것은 전혀 다른 개념이다. 사업을 확장하기 위해 영업 전화 돌리기, 은퇴 연금 들어두기, 수상스키 타기, 파트너에게 원하는 것 말하기 등을 그저 괜찮게 하는 정도거나 평범하게 평균적으로 하는 것은 아무것도 안 하는 것과는 완전히 다르다. 그럭저럭 괜찮은 삶에 안주하거나 개선하기 위한 노력을 멈추면 그냥 포기하게 된다. 어떤 걸 괜찮게 하는 정도거나 심지어 형편없더라도 어쨌든 하고 있다면 대담함 근육을 키우고 있다는 뜻이다. 포커 실력이 별로라면 매번 이기지는 않지만 계속 치고는 있다는 뜻이고 그렇게 계속하다 보면 더 좋아질 날이 올 수도 있다.

성공은 능력이 아닌 습관이다

최고가 아니어도 원하는 것을 얻을 수 있다

어떤 사람들은 자신이 원하는 것을 가질 '자격'이 없다고 생각하는 실수를 저지른다. 제일 잘하는 사람, 즉 재능, 경험, 힘, 지능, 아름다움의 수준이 최고인 사람들이 그것을 가져가도록 예약되어 있다고 생각해 버리는 것이다. 투르 드 프랑스(Tour de France, 매년 7월 3주 동안 프랑스와 인접 국가의 도로를 달리는 세계적인 사이클 대회-옮긴이), 미스 유니버스, 「제퍼디(Jeopardy)」(다양한 주제를 다루는 미국의 텔레비전 퀴즈쇼-옮긴이) 같은 대회에서 경쟁한다면 그런 자질이 중요할 수도 있겠다. 하지만 속도를 재는 올림픽 경기처럼 수치로 나타나는 결과가 유일한 결정 요인이 되는 목표를 좇는 게 아니라면 무엇이 문제인가?

기업가이자 저자인 제임스 알투처(James Altucher)가 내 팟캐스트에서 말했듯이 자신이 만든 한계를 깨고 나와 "직접 선택해라". 이럴 때 두 가지 선택지가 있다. '난 정말 평범해! 이걸 겨우 한다니까. 실력이 너무 모자라니까 그만둬야겠어'라고 생각하거나, 자신에게 더 많은 것을 성취할 자격이 있다고 여기며 '잘하지는 못하지만 그래도 계속해서 원하는 걸 좇을 거야. 길을 찾을 거야'라고 생각하는 것이다.

'내가 썩 잘하지는 않아'라는 말을 현실에 안주하고 방관하는 핑계로 쓰기는 정말 쉽지만 반대로 평범함과 나약함을 변화의 촉매제로 사용할 수도 있다. 대담한 사람은 화살을 날린 후 실패하면 한 번 더 화살을 날린다. 지금까지 '하지만 내가 제일 잘하지는 않아'라는 원칙에 압도되어 선택하지 않았거나 늦어버릴 때까지 지켜만 보았던 기회가 있었는지도 물어보자. 그런 다음 이제는 '지금 당장' 눈앞에 놓인 기회가 있는지도 물어보자. 왜 그 기회를 따라가지 않았는가? 최고가 되려고 기다렸기 때문인가? 나는 기다리지 말라고 조언하겠다! 대신 자신에게 이 질문을 던져라. 어떻게 하면 지금 가진 힘을 이용하거나 다른 사람의 힘을 가져와 원하는 것을 좇을 수 있을까?

가진 것을 이용해 원하는 것을 얻어라

자신의 장점을 아는 것은 약점을 아는 것만큼이나 중요하다. 약점보다 장점에 집중하면 마음가짐을 바꿀 힘이 생긴다. 연구에 따르면 사람들은 강화하고 싶은 장점보다 개선하고 싶은 약점의 목록을 훨씬 쉽게 적는다.[10] 우리에게는 이미 뛰어난 자질이 있는데 자신을 발전시키고 싶을 때는 약점을 더 고치려고 하고 그게 안 되면 약간 우울해진다(살을 빼려다가 실패한다든지). 반면에 장점을 찾아 활용하면 좀 더 긍정적인 마음가짐으로 이어질 수 있다. 「긍정적 개입」이라는 한 프로그램에서는 참가자들에게 다섯 가지 장점을 찾게 한 후 그런 특성을 새로운 방법으로 사용해 보라고 했다. 6주 후 참가자들은 더 큰 행복감을 느꼈고 약점이라고 느꼈던 것에 대해서도 우울감이 줄었다.

자신이 어떤 것을 그저 그렇게, 그냥 괜찮게, 보통으로, 평균적으로, 최고는 아닌 수준으로, 아니면 최악으로 한다는 생각에 사로잡혀 정체돼 있다면 이제 대담함으로 기어를 바꿀 때다. 이 연습을 통해 다음 원칙인 '대담함을 한데 묶어라'를 준비할 수 있을 것이다.

친절함, 유머, 리더십, 진실함 같은 성격 특성을 비롯한 자신의 장점을 적어보자. 관리자 역할을 잘한다, 인맥이 많다 등 직업적인 장점도 적어보자. 친구, 가족, 동료에게 의견을 구하는 것도 좋다. 그런 다음 자신만의 긍정적 개입 프로그램을 만들어서 실천해 보자. 일주일에 하나씩 이러한 장점을 강화할 방법을 찾아보자.

예를 들어 유머 감각이 좋은가? 그럼 그 장점을 나눠라. 만화를 그려 게시하거나 동료에게 재미있는 이야기를 들려주어 웃음을 주고 기운을 북돋우자. 정리를 잘하는가? 가방에 든 물건을 찾지 못하는 10대나 책상이 지저분해서 중요한 은행 서류를 잃어버리는 친척 어르신을 도와줄 수 있다. 빵을 잘 굽는가? 갓 구운 레몬 바(크러스트에 레몬 커드를 올려 굽는 상큼한 디저트─옮긴이) 한 판을 사무실에 들고 가 동료들을 놀라게 해보자.

이런 일들은 단순한 선행으로 보일 수도 있지만(좋은 일인 건 맞다) 다른 목적에도 들어맞는다. 자신의 장점을 축하하고 자신감을 기르며 이미 지닌 기술을 더 날카롭게 벼리는 방법이기 때문이다.

자신의 장점을 강한 근육이라고 생각하자. 약한 근육(큰 부서 회의에서 입이 얼어버린다든지)을 보완하려면 운동으로 이 근육을 키우고 유지해야 한다. 2015년 갤럽의 조사에 따르면 "매일 장점을 활용하는 사람은 삶의 질이 세 배 이상 높고 업무 능력도 여섯 배 이상 뛰어나다."[11] 일상적으로 장점을 활용하면 전체적인 행복감이 올라가는 효과까지 있다.

과감함을
하나로 묶어라

당신은 생각보다 더 대담하고 노련하다.
그리고 지난 여정 어딘가에서 경험이라는 점들을 모았다.
이미 보유하고 있는 능력을 선별하고 묶으면
원하는 목표를 향해 유리한 상태에서 출발할 수 있다.

나는 스리 아트 엔터테인먼트를 떠나 이모탈 레코드에 입사한 후 마케팅 부서에서 가수의 앨범을 발매하고 홍보하는 일을 했다. 좋은 직장이었고 재미있는 일도 많았다.

하지만 '앨범'이 사망하기 전까지만이었다. 아이튠즈(iTunes)가 음악을 구매하고 디지털 미디어를 소비하는 방식을 완전히 바꿔버렸다. 소비자들은 이제 전체 앨범을 사는 대신 한 번에 곡 하나를 살 수 있었고 이 때문에 음반사의 수익이 심각하게 줄었다. 거기에 더해 불법 다운로드가 만연했다. 처음에는 해커들이 시작했지만 나중에는 최신 팝 음악을 듣는 주요 방법이 됐고 이로 인해 엄청난 비용이 들었다.

아이튠즈나 냅스터(Napster, 1999년부터 2001년까지 운영된 온라인 음악 파일 공유 서비스―옮긴이) 같은 서비스가 전통적인 음반 산업을 뒤흔들었고 겨우 하룻밤 만에 기존 사업 방식은 더 이상 쓸모가 없어졌다. 음반 판매가 추락하고 닷컴 붐이 일어나면서 디지털 마케팅이 새로운 표준이 됐다. 그전까지 나는 내 일을 사랑했다. 일도 재미있고 벌이도 괜찮았으며 해변이 내려다보이는 사무실은 멋진 사람들로 가득했다. 이곳에 매일 자전거를 타고 출근했으니 내게는 거의 천국이었다. 하지만 이제 그 모든 것이 과거가 됐다. 적어도 나에게는 그랬다. 나는 디지털 마케팅에 열정이 없었고 이제 떠날 때가 됐다는 걸 알았다.

다시 사무실에서 컴퓨터 스크린 앞에 앉아 일하긴 싫었다. 다음엔 뭘 해야 할지 알 수 없었지만 내가 운동과 피트니스를 좋아한다는 건 알았다. 내 두뇌를 바꿔준 게 운동이었으니까. 그래서 그쪽으로 방향을 정하고 돈도 벌어야 하므로 공인 퍼스널 트레이너로 일하면서 장기적인 계획을 세워보기로 했다. 고향에서 갈고닦은 대담한 기술 덕에 LA까지 왔지만 나는 심리학 학사 학위와 스포츠 마케팅 석사 학위도 있었다. 또 캐나다 농구팀 토론토 랩터스(Toronto Raptors)에서 창단 초반에 함께 일했고 스포츠 매니지먼트 회사인 IMG와 BMG 음반사에서도 경력을 쌓았었다.

친구의 부모님 두 분을 내 첫 고객으로 맞아 일하면서 다음 움직임을 생각했다. 그때 직장에서 배운 마케팅 기술과 지식을 피트니스에 대한 애정과 결합해 보자는 아이디어가 떠올랐다. 앨범 판매가 떨어지자 음악 업계는 재능 있는 가수들의 투어에 더욱 열을 올렸다. 콘서트 공연과 뮤직비디오가 가수(와 음반사)의 성공에 그 어느 때보다 중요해졌지만 가수들은 계속되는 투어 일정을 소화하며 뮤직비디오를 찍고 매일 밤 라이브 공연을 감당할 체력이 안 되는 경우가 많았다.

내가 완벽하게 들어맞을 틈새가 보였다. 같이 일하던 음반사 사람들에게 가수들의 피트니스 트레이너가 되겠다고 제안해 보기로 했다. 고된 투어를 견디려면 가수와 연주자는 당연히 건강을 관리하고 체력을 키워야 한다. 나는 이들의 신체뿐 아니라 정신력 관리까지도 도와줄 수 있었다.

나는 내게 유리한 조건들을 목록으로 적었고, 써 내려갈수록 괜찮은 아이디어라는 확신이 들었다.

피트니스 트레이닝 자격증: 있음

규칙적인 운동이 어떻게 마음가짐까지도 개선하는지 보여줄 능력: 있음

음악에 대한 열정: 있음

음악 산업에 대한 깊은 지식: 있음

음반사에 대한 더 깊은 지식: 있음

마케팅 예산에 대한 이해: 있음

예술가가 투어에 써야 하는 에너지와 집중력에 대한 이해: 있음

유명 연예인의 변덕에 대응하는 능력: 있음

음반사 인맥: 있음

목록은 계속 이어졌고 모두 '있음'이었다.

나는 아티스트를 위한 퍼스널 트레이너라는 뜻으로 '레이블 트레이너(Label Trainer)'라고 이름 붙인 내 새 아이디어를 들고 음반사 사람들을 만나 회의를 시작했다. 음반사는 내 아이디어를 좋아했다!

나는 즉시 브리트니 스피어스, 크리스티나 아길레라, 미키 가이턴(Mickey Guyton), 크리스티나 밀리안(Christina Milian) 등 여러 유명 가수의 트레이너가 되어 가수들의 컨디션을 최고로 유지

하고 강도 높은 라이브 공연, 뮤직비디오 촬영, 긴장감 높은 투어 일정에 맞는 체력을 다질 수 있게 도왔다. 내 모험이 시작됐다! 레이블 트레이닝의 인기가 치솟아서 두 번째 음반사와 세 번째 음반사 일도 맡았다.

내가 개인적으로 담당할 수 있는 고객 수에는 한계가 있으므로 같이 일할 트레이너를 몇 명 고용하고 사업을 확장했다. 나만의 길을 개척하고 내 직업을 직접 창조해 재능 있는 트레이너들에게 직업을 마련해 줄 수 있다는 게 정말 신나고 만족스러웠다. 나는 이 모든 것을 '대담함을 한데 묶어라'라는 원칙에 따라 실행할 수 있었다.

여기서 기억해야 할 것이 있다. 당신은 생각보다 더 대담하고 노련하다. 원칙 10에서 이야기했듯 장점에 집중하면 장점이 많이 보인다. 원하는 것을 좇기 위해 아무리 멀리 방향을 돌린다고 해도 완전히 처음부터 시작하지는 않을 것이다. 지난 여정 어딘가에서 경험이라는 점들을 모았을 것이고 이 점들이 다음 직업이나 개인적인 목표에 도움이 되는 크고 작은 기술이 되었을 것이다. 이미 보유하고 있는 능력을 선별하고 묶으면 원하는 목표를 향해 유리한 상태에서 출발할 수 있다.

특히 대담하게 진로를 바꾸고 싶지만 과거 경력이나 특정 학위 때문에 선택 범위가 좁다고 느끼는 사람들에게 나는 늘 이력서를 넘어 생각하라고 조언한다. 공식적인 교육이나 경력에 기반한 능력만 능력이 아니다. 그 과정에서 습득한 기술 역시 당신의 능력이며 이런 기술이 다음 행로에 어떻게 작용할지 지금은 알 수 없고 실력이 '최고'가 아니라고 해도 이미 어느 정도 기술이 쌓였으니 상관없다(그 점들을 이어라. 스티브 잡스의 서체 수업 기억하는가? 어떻게 될지는 아무도 모를 일이다).

　대담함을 한데 묶으라는 건 교육, 경력, 재능 및 기술, 인맥을 모아 서로 보완하는 대단한 능력으로 재구성하라는 말이다. 각 분야를 하나씩 이야기해 보자.

1. 교육

　교육은 정규 학위나 증명서만이 아니다. 학교 안팎에서 받은 모든 교육과 독학으로 배운 것도 포함한다. 금융을 전공한 후 투자 앱을 만들기 위해 투자자들의 눈길을 끌어야 할 때 별도로 연기 수업을 들은 적이 있다면 도움이 될 것이다. 대규모 프레젠테이션에서 멋진 아이디어를 이야기할 때 무대 경험을 어떻게 활용할 수 있을지 생각해 보자. 열렬한 독서가 비공식적인 교육기관 역할을 할 수도 있다. 나는 초등학생일 때부터 기업가들이 사업을 일으킨 이야기가 담긴 책을 즐겨 읽었다. 멋진 사람들의 자서전을 읽는 것도 좋아했다. 이런 책은 수업 계획서에 올라와 있지 않았지만 내 호기심을 자극했다. 당신의 묶음을 채울 만한 '추가' 기술은 무엇인가?

(물론 정규교육이 필수적인 분야가 있다. 예를 들어 피아노를 가르치다가 로스쿨을 건너뛰고 변호사가 될 수는 없다. 하지만 로스쿨 지원서를 쓸 때는 대담함을 한데 묶을 방법을 생각해 보자.)

2. 경력

한 업계에서 다른 곳으로 진로를 바꾸거나 관련 분야로 넘어가려고 한다면 과거의 경력이 서로 관련이 없어 보이더라도 대담하게 한데 묶어라. 나는 음반사에서 일하다가 레이블 트레이너가 되어 돌아올 때 대담한 기술을 모두 묶었다. 그리고 다시 완전히 새로운 업계로 뛰어들 때에도 그렇게 했다. 때로는 어떤 기술을 가져갈 수 있을지 잘 보이지 않는다. 이전 직장이나 경력에서 무엇을 가져갈 수 있을지 언제나 살펴라.

레이블 트레이닝 사업은 정말 성공적이었지만 체력적으로나 정신적으로나 너무 힘들었다. 고객들과 운동하고 나 혼자서도 운동을 하고 사업을 운영하고 직원들을 관리하던 어느 날 이 정도면 충분히 했다는 생각이 들었다. 방향을 바꿔야 한다는 생각을 한 후 주변 친구 몇몇에게 말을 꺼냈다. 처음 나를 고용했고 이제는 좋은 친구가 된 음반사 이사가 나에게 변화가 필요하다는 걸 알고 앤드루 길먼을 소개해 주었다. 그는 워싱턴 DC, 뉴욕, LA에 사무실을 둔 대형 미디어 트레이닝(기업 및 조직의 담당자가 언론과 효율적으로 소통하도록 훈련하는 것—옮긴이) 기업을 운영하고 있었다. 워싱턴 DC 사무실은 기업 운영을, 뉴욕 사무실은 재정을 담당하고 LA 지사는 엔터테인먼트와 생명공학 기업(아주 많았다)에 집중했다. 나랑 잘 맞을지 의구심이 들었지만 내 친구는 앤드루랑 커피 한 잔이라도 마셔보라고 권했다.

적어도 이력서상으로는 나는 자격이 안 됐다. 나는 누구에게도 미디어 트레이닝을 해준 일이 없었으므로 이 일을 하게 된다면 새로운 기술을 아주 빠르게 배워야 했다. 또한 이 회사는 큰 기업 같아 보였는데 나는 그런 곳에 맞는 타입이 아니었다. 정장을 입고 출근하거나 사무적인 태도로 일하는 것도 싫었다. 그런 면이 나랑 맞지 않았지만…… 그래도 호기심이 강하게 일었고 변화를 받아들일 준비도 돼 있었다. 나는 앤드루가 내 스타일을 받아들인다면 도전해 보기로 했다. '어쨌든 최악의 상황이 뭐겠어?'라는 마법의 질문을 또 한 번 나에게 던졌다.

앤드루 역시 비슷한 생각을 하고 있었다. 그는 내가 미디어 트레이닝 경력은 없지만 특화된 피트니스 사업을 처음부터 만들어 키운 것을 알고 있었다. 내가 이모탈의 전 상사에게 프레젠테이션할 당시 '레이블 트레이닝'이라는 건 존재하지도 않았다는 것을 기억할 것이다. 앤드루는 그 점을 마음에 들어 했다. 나에게 사무실과 책상만 주면 나머지 길은 내가 알아서 찾을 테니까 말이다. 그는 또한 내가 훌륭한 영업 사원이 될 거라고 예상했다(그 예상은 맞아떨어졌다). 앤드루는 '재킷은 안 입어도 된다'는 조건으로 나를 고용하기로 했다.

엄청난 변화였고 배워야 할 것도 많았다. 나는 열린 마음으로 새로운 멘토 앤드루를 따라 실수를 거듭하며 배웠다. 처음에는 이베이(eBay), 게임 회사 액티비전(Activision), 워너브러더스(Warner Brothers) 같은 고객들과 일했고 점점 인맥을 넓혀 생명공학 및 금융 기업으로 고객층을 확장했다. 대담함을 묶었더니 그 시기 내게 필요하던 중대한 삶의 변화를 이끌 수 있었다.

3. 재능과 기술

나는 재능이 '천성적으로' 잘하는 것이라고 생각한다. 노래나 춤, 빠르게 달리기, 농담하기 같은 것들 말이다. 다시 말하면 재능은 일반적인 '직무 능력'은 아니다(전문 예능인이나 운동선수 또는 코미디언이 아니라면). 기술은 외국어, 컴퓨터 기술 등 교육과 연습을 통해 배우는 것들이다. 직장을 구할 때 기술은 거의 언제나 이력서에 적지만 재능은 그렇게 중요한 요소로 생각하지 않는다. 특히 재능을 써야 하는 직업을 구하는 게 아니라면 더욱 그렇다. 하지만 대담함의 묶음에는 둘 다 들어가야 한다. 예술적 재능을 타고났거나 언어를 잘 사용하거나 기계 사용에 불편함이 없다면 그런 재능도 묶음에서 꺼내보는 것을 추천한다. 예를 들어 미술 실력을 과외 사업 로고 디자인에 쓸 수 있다. 글쓰기 재능을 고객에게 보내는 뉴스레터 작성에 이용할 수도 있다. 기계를 다루는 실력으로 디지털 플랫폼을 만들어 결제 옵션을 설정할 수도 있다.

4. 인맥

나는 인맥을 활용해 대담함을 한데 묶고 한 분야에서 다른 분야로 뛰어올랐다. 친구, 가족, 과거나 현재의 동료, 동창, 동네 사람, 체육관 친구 모두가 인맥이다. 대담한 행동을 실행하기 위해 새로운 사람을 소개받아야 한다면 보통 알고 지내는 사람들 너머로 그물을 넓게 던져라. 연락처 목록과 소셜미디어 친구들, 링크드인(LinkedIn, 비즈니스 중심의 소셜 미디어—옮긴이) 이웃 등 모든 기억을 되살려라. 그리고 그들이 누구를 알 수 있을지 생각해라. 사촌 루시가 당신이 새로 들어가고 싶어 하는 업계에서 일하는 남자와 결혼한 게 떠오를 수도 있고, 예전 고객이 관련 분야에서 새로 사업을 시작했을 수도 있다. 지인들(과 그들의 지인들)이 뭘 하는지 알아두자. 그저 그 사람들과 연락하는 것만으로도 대담한 행동이 될 수 있다.

'나만의' 묶음은 무엇인가

나는 내 대담함을 묶어 새로운 종류의 직업을 만들고 성공했으며 이는 한 번뿐이 아니었다. 음반 업계에서 피트니스로 방향을 틀고 다시 피트니스 트레이너가 되어 음반 업계로 돌아갔다. 그런 다음 다시 한번 대담함을 끌어모아 미디어 트레이닝 업계에 들어갔다. 여러 목표를 가지고 피트니스 업계로 돌아갈 때도 그렇게 했고 절대 멈추지 않았다. 나는 발전시키고 싶은 아이디어가 있으면 원하는 것을 얻기 위해 대담함을 어떻게 모아야 할지 생각한다.

이제 여러분 차례다. 무엇을 제안할 것인가? 어떤 기술을 가져올 수 있는가? 어떤 자산과 장점을 가지고 있나? 모르는 것보다 아는 것에 집중하며 자신만의 목록을 만들어보자. 또 전문 지식뿐 아니라 개인적으로 지닌 기술도 생각해 보자.

주기적으로 즐기는 운동 종목이나 취미 중에 목적에 부합하는 것이 있나? 전문가 수준의 바느질 기술과 마케팅 능력을 한 단계 끌어올려 모두가 좋아하는 아기 옷을 디자인하고 판매하는 건 어떨까? 영업 사원이면서 암벽 등반을 즐긴다면 기업체 간부들에게 더 높은 목표에 도달하는 방법을 가르칠 수 있을까? 파티 여는 기술을 협상 능력과 묶어보는 건 어떨까? 경기 규칙도 제대로 모르면서 어린이 야구팀의 승리를 이끌었는가? 새로운 기술을 빠르게 배우고 과감하게 결단할 줄 안다는 의미다. 지금 든 예들에 별로 공감이 안 될 수도 있지만 요점은 이것이다. 지금까지 여러 분야를 경험하며 얻은 기술이 모이면 목표를 이루는 데 도움이 될 수 있다.

생각나는 장점을 다 적어보자. 지금은 겸손할 때가 아니다. 그 다음에는 당연한 것으로 생각해 넘어간 기술이 있는지 친구, 동료, 사랑하는 사람들에게 과감하게 물어보자. 서로 모르는 친구들을 연결해 친해지게 하거나 사업에 필요한 인맥을 넓히는 데 도움을 준 일이 많다고 말해줄 수도 있다. 아니면 아이가 다니는 학교의 학부모 단체를 이끄는 모습을 보고 리더십을 칭찬하거나 지역사회에 효율적인 재활용 아이디어를 낸 것을 보고 문제 해결 능력이 뛰어나다고 이야기할 수도 있다.

이미 지닌 기술을 계속 연습하고 새 기술을 추가하면서 묶음을 키워라. 그 묶음이 점점 더 멋지고 크고 대담해져 가는 걸 지켜보아라.

고치고, 맡기고,
잊어버려라

우리가 제자리에 갇혀 대담하게 움직이지 못하는 건
부족함과 불안감으로 무력해지기 때문이다.
하지만 3F법을 쓰면 우리가 잘하는 것과
우리를 방해하는 문제에 집중할 정신적 공간이 생긴다.

나는 팬데믹으로 체육관과 피트니스 스튜디오가 문을 닫아 건강을 유지하려면 집이나 야외에서 운동할 수밖에 없게 되기 훨씬 전부터, 체육관에 가거나 화려한 장비를 사지 않고도 피트니스와 건강한 생활을 일상에 접목할 수 있는 쉽고 간단한 방법을 설계했다. 내 피트니스 철학은 변명하지 않고 쉽고 간단하게 건강과 아름다움을 지키는 것이다. 일하는 엄마로서, 특히 아이들이 어릴 때는 피트니스 전문가인 나조차도 운동을 건너뛸 이유를 찾곤 했다. 하지만 하찮은 변명거리는 너무 많았고, 매번 핑계를 대고 운동을 쉴 때마다 기분은 더 나빠졌다. 운동은 에너지를 빼앗는 대신 더해준다는 사실을 기억하자. 시간이 없을 때는 10~15분 정도 고강도 인터벌 트레이닝만 해도 하루를 대비할 수 있다. 게다가 운동으로 고조된 기분은 하루 종일 이어진다.

나는 건강을 가로막는 장벽을 제거하고 그 자리에 쉽고 간단하게 운동, 식단, 영양을 유지할 수 있는 해법을 마련하면 누구나 하루, 아니 인생을 지탱할 신체와 정신을 갖추도록 도와줄 수 있다는 걸 경험을 통해 알게 됐다! 그러다 '언제나 어디서나 변명하지 않고'라는 내 철학에 기반한 제품과 서비스를 제공하는 피트니스 브랜드 '체육관은 필요 없어(No Gym Required)'의 아이디어를 떠올렸다. 그리고 2009년 체육관에 가지 않고도 최소한의 도구로 어디서든 할 수 있는 운동과 더 건강하고 아름다워지는 간단한 방법을 실은 첫 책 『체육관은 필요 없어: 내면의 록스타를 꺼내라(No Gym Required: Unleash Your Inner Rockstar)』을 출간했다.

이후에는 더 대담한 아이디어를 떠올렸다. 어디를 가든 '체육관'을 가지고 다닐 수 있다면? 내 첫 제품 NGR(No Gym Required

에서 따왔다) 신발은 그렇게 태어났다. 무게를 늘린 중창을 탈부
착할 수 있게 만든 신발이었는데, 이 특별한 중창을 댄 운동화
를 신으면 걸을 때 저항이 더해져 칼로리를 50퍼센트 이상 더
태울 수 있었다. 중창을 떼고 신으면 평범한 운동화가 됐다.
NGR은 처음으로 무게를 보강한 피트니스 및 패션 신발을 디자
인하고 생산한 회사다.

아무 경험도 없이 신발 사업에 뛰어들었으니 나도 참 대담했
다. 게다가 완전히 새로운 제품을 들고 시장에 뛰어든 것은 더
대담한 행동이었다. 첫 번째가 되면 바로 그 처음이라는 이유로
힘이 든다. 그래서 시간이 걸렸지만 드디어 내가 신발에 넣고
싶은 것과 비슷한 중창을 만드는 한국 회사를 찾았다.

NGR 신발의 디자인, 마케팅, 홍보, 판매는 그렇게 어렵지 않
았다. 사실 그 과정은 즐거웠다. 하지만 제조, 운영, 재정 관리에
서 일어나는 문제를 해결하는 일은 나의 핵심 역량이 아니었다.
여기저기서 생겨나는 문제를 어떻게 해결해야 할지 도무지 알
수가 없었다. 해결책을 찾지 못하고 무엇을 해야 할지 망설이다
보면 시간과 돈과 기회를 잃고 당연히 사업도 망할 것 같았다.

NGR 신발은 망했다고 생각하고 있었는데, 같이 일하던 회사
한 곳에서 나와 잘 지내기도 했고 생각이 아주 진취적이었던 동

료 로런스 아이작이 떠올랐다. 로런스는 NGR 콘셉트가 마음에 든다며 직장을 그만두고 NGR의 운영과 재정을 맡기로 했다. 나는 나머지를 감독하기로 했다. 우리는 그렇게 50대 50으로 지분을 나눈 사업 파트너가 됐다. (로런스는 대담하게 기회를 잡았다. 그는 지금도 대담하다!)

우리는 돈이 없었고 운동화 분야의 대형 회사들 사이에서 돋보이려면 어마어마한 돈이 필요했다. 마케팅과 광고 비용으로 5000만 달러에서 1억 달러는 있어야 했다! 우리는 제품을 알릴 창의적인 방법을 생각해야 했다. 나는 거의 모든 시간과 에너지를 판매, 마케팅, 소통에 쏟았고 이는 모두 내가 잘하는 일이었다. 입소문을 내줄 만한 사람을 모두 찾아가고 잡지에서 찾은 모든 작가에게 전화를 걸어 홍보했다. 제품을 홍보해 달라고 신발을 '선물'하느라 막대한 돈을 썼다(이게 얼마나 돈이 많이 드는지는 금방 알 수 있었다. 새 제품을 출시한다면 너무 무료로 나눠주지 않도록 조심하자!).

기적이 일어나 유명한 사람들이 내 신발을 신기 시작했다. 코트니 콕스(Courtney Cox, 시트콤 「프렌즈(Friends)」에서 모니카 역할을 맡아 잘 알려진 미국 배우—옮긴이)가 신었고 데니즈 리처즈(Denise Richards, 미국의 모델 출신 배우—옮긴이)도 신었다. NGR 신발을 신은 스타나 패션 리더들이 다른 스타들의 눈에 띄었고 나는 이들의 사진을 《US 매거진》, 《라이프 & 스타일》, 《인터치》 같은 '잘 나가는' 매체에 실을 수 있었다. '인플루언서', 인스타그램, 틱톡이 없을 때였다! 우리는 유명한 사람이 이 신발을 신고 사진이 찍히고 신문에 실리기만을 기다리는 옛날 방식으로 신발을 마케팅했다.

회사와 신발이 점점 알려지기 시작했다! NGR 신발에 점점 관심이 쏟아지고 판매가 늘어나자 대형 신발 회사들이 우리를 주목했다. 하지만 한 가지 큰 문제가 있었다! 무게를 보강한 밑창 때문에 신발 무게가 상당히 올라갔고 안 그래도 비싼 물류비가 더 높아졌다. 한국에서 신발을 제조하고 배송하는 비용이 상당했던 탓에 엄청난 물량을 주문하지 않으면 가격을 내릴 수가 없었다. 회사 운영이 악몽 같았다. 게다가 우리 고객들은 배송받은 후 60일이 지나야 결제했다.

키를 잡은 게 나 혼자였다면 배송비 문제가 생겼을 때 사업을 접었을 것이다. 갖가지 재정 문제나 제때 물류를 해결하고 고객을 만족시키는 데 도움이 되는 대출 등도 몰랐을 것이다. 로런스가 이 모든 문제를 맡아 훌륭히 자기 역할을 해냈고 나 역시 내가 지닌 대담한 기술을 모두 이용해 제품을 마케팅하고 홍보하며 사업을 위한 협상에 매진했다. 로런스와 나는 강력한 팀을 이뤄 환상적인 첫 제품으로 시장에 진입하는 데 성공했다. 약점을 인정하지 않고 보완할 방법을 찾지 않았다면 내가 잘하는 일에 내 시간과 에너지를 쏟지 못했을 것이다. 이것이 내가 이번 원칙에서 전하는 3F 교훈이다.

고쳐라(Fix).

맡겨라(Farm out).

잊어버려라(Forget).

우리가 제자리에 갇혀 대담하게 움직이지 못하는 건 부족함과 불안감으로 무력해지기 때문이다. 하지만 3F법을 쓰면 길을 가로막는 문제들을 서로 구분할 수 있어 우리가 잘하는 것과 우리를 방해하는 문제에 집중할 정신적 공간이 생긴다. 3F를 이용해 장점을 최대한 강화하고 약점을 보충하자. 나도 이런 방법으로 신발 회사를 제대로 운영할 수 있었다.

자, 3F가 어떻게 작동하는지 살펴보자. 당신은 대형 마트의 판매직에서 잘린 후 이제 몇 년 동안 꿈꾸던 수제 쿠키 사업을 대담하게 시작하기로 했다. 친구, 가족, 동료 모두 당신이 만든 쿠키를 좋아해서 항상 팔아보라고 해온 터다. 당신은 충분히 생각도 했고 멋진 쿠키 사업을 시작할 여러 아이디어와 느리지만 꾸준히 성장할 수 있는 사업 계획도 준비했다. 지금이 딱 좋은 시기인 것 같다. 직장에서 잘렸으니 새 인생을 시작할 이유가 생긴 셈이다. 당신은 자신과 자신의 아이디어에 대한 믿음이 있고 로드맵도 있다. 그래서 새 여정을 시작한다.

새 사업을 위한 인스타그램 계정을 연다. 회사명은 '대담한 쿠키'라고 하자. 가장 인기 있는 쿠키의 재료를 사고 친구나 가족의 생일, 기념일 등 특별한 날에 선물할 쿠키를 굽기 시작한다. 주변 사람들에게 무료로 쿠키를 주면서 인스타그램에 올리고 당신의 계정을 태그해 달라고 부탁한다. 곧 여기저기서 주문이 들어오고 공식적으로 사업이 출범한다. (이제 친구와 친척도 돈을 내고 쿠키를 사 간다!) 매출은 한 사람이 운영하기 딱 맞게 꾸준히 오른다.

그러다 하루아침에 속도가 빨라진다. 당신이 만든 쿠키가 큰 인기를 끈 파티에 갔던 사람을 아는 사람을 아는 다른 주 엄마 인플루언서가 자신의 인스타그램 스토리에 당신의 명품 쿠키를 올린 것이다. 그 인플루언서에게 50만 명 넘는 팔로워가 있다 보니 당신의 DM이 주문으로 폭발할 지경이다. 대담한 쿠키를 시작한 지 몇 주 만에 미국 전역의 엄마들이 아이들 파티에 쿠키를 주문할 수 있냐고 요청하는 통에 정신이 없다. 거기에다 지역 음식 평론가가 당신이 쿠키 사업을 한다는 소식을 듣고 '우리 동네 새 과자점'이라는 기사까지 실어서 주문이 더 밀렸다. 이제 대담한 쿠키를 원하는 건 인스타그램 엄마들뿐만이 아니다!

소규모 사업을 운영하는 사람이라면 대부분 이런 성공을 반기겠지만 당신은 스트레스가 심하다. 이제 제품을 생산하기만 하는 게 아니라 이 부서지기 쉬운 아이템을 다음 날 배송할 수 있게 조심조심 포장하고 누가 어떤 종류의 쿠키를 어떤 행사에 맞춰 몇 개나 주문했는지 계속 확인해야 하는 것은 물론 배송까지 해야 한다. 아직 제대로 된 로고도 없고 포장재도 모자란다. 전용 라벨이나 신용카드 결제가 가능한 웹사이트도 준비되지 않았고 도와줄 사람 하나 없다. 심지어 쿠키를 대량으로 구울 큰 오븐도 없다!

이제 3F법으로 결정을 내려서 대담한 쿠키가 부서지는 걸 막아야 한다. 고칠 것인가? 맡길 수 있는 일인가? 아니면 잊어버려야 하나?

고쳐라

다른 사람이 할 수 없다면 직접 고쳐라. 자신이 잘할 수 있는 일이고 그 일을 하는 게 좋다면 (그리고 시간이 있다면) 직접 고쳐라. 나도 NGR의 마케팅과 홍보 업무를 내가 직접 맡았다. 잘하진 못하더라도 하고 싶으면 직접 해라. 시간이 지나면서 좋아질 것이고 여기서 얻은 기쁨이 대담함의 속도를 높여줄 것이다. 좋아하지 않더라도 꼭 해야 하는 일이라면 맡길 곳을 찾을 때까지 (이건 다음에 설명할 것이다) 직접 고쳐라.

대규모 VIP 행사에 쿠키를 만들어달라는 요청을 받았는데 다른 주문과 날짜가 겹친다. 하지만 이 주문은 사업에 큰 변화를 가져올 정도로 중요하다. 그러니 다른 주문을 조정할 가치가 있다. 고쳐라.

가장 인기 있는 초콜릿 칩 쿠키에 들어가는 초콜릿 칩은 비싸지만 당신은 저렴한 초콜릿으로 쿠키의 맛을 타협하고 브랜드 이미지를 망치고 싶지 않다. 당신은 협상의 귀재라고까지는 할 수 없지만 새로운 사람을 만나기 좋아하고 이런 일은 직접 해야 하는 일이기도 하다. 고급 초콜릿을 판매하는 식료품점에 찾아가서(맛있는 쿠키를 잔뜩 들고), 자신 역시 성공하기 위해 뛰어다니는 자영업자라는 점을 이야기하며 공통점을 찾는다. 결국 할인

된 가격으로 물건을 대량 주문하기로 하고 가게를 나온다. 대담한 행동으로 직접 고쳤다!

맡겨라

꼭 필요한 일이지만 직접 하지 않아도 되는 일은 맡겨라. 모든 일에 전문가가 될 수는 없다. 몇 가지 일만 잘하는 게 모든 일을 형편없이 하는 것보다 낫다. 게다가 도움을 줄 수 있는 전문가에게 일을 맡기지 않으면 대담한 꿈이 물거품이 될 수도 있다. 나한테도 그런 일이 일어났을 것이다. 로런스를 NGR로 데려와 회계와 운영 기술을 발휘하게 하지 않았다면 말이다. 전문가를 데려오기 위해 돈을 써야 할 경우, 사업의 미래가 걸려 있는 문제라면 흔쾌히 써라.

당신은 쿠키를 잘 굽는 사람이지 그래픽 디자이너가 아니다. 대담한 쿠키 역시 예술적인 작업이긴 하지만 로고 디자인은? 그건 당신이 할 일이 아니다. 포장 디자인은? 그것 역시 마찬가지다. 디자인에 재능이 있고 직업으로도 생각하는 10대 조카가 있다면? 그 아이가 바로 적임자다. 디자인 작업은 조카에게 맡겨라(조카도 좋아할 것이다).

주문을 더 쉽게 파악하고 제품도 잘 보여주려면 좀 더 정교한 웹사이트가 있어야 한다. 이것저것 끌어오기만 하면 온라인 스토어가 짠! 하고 나타나는 무료 사이트들을 들어보았을 것이다. 하지만 노트북을 끌어안고 몇 시간 동안 암호를 해독하듯 작업했는데도 웹사이트 모양새가 예전보다 못하다면, 미적거리지 말고 99디자인(99Designs), 피버(Fiverr) 같은 프리랜서 플랫폼에 웹디자인을 맡기거나 주변에 물어봐서 같은 분야에 경험이 있는 전문가를 고용해라.

어떤 사업인지에 따라 다르지만 일을 완전히 맡기는 데 그치지 않고 동업자나 파트너를 데려오는 것도 두려워하지 마라. 내 사업에서 재정 및 공급망 관리, 일반적인 사업 운영은 내 전문 분야가 아니었다. 하지만 로런스를 파트너로 데려온 덕에 내가 잘하는 일에 집중할 수 있었다.

잊어버려라

세 번째이자 마지막 F인 '잊어버려라'는 불필요한 일에 시간을 낭비하거나 대담한 행동에 방해가 되는 부정적인 생각에 빠진 나를 발견할 때 자연스럽게 나오는 F로 시작하는 단어를 예의 바르게 변형한 말이다. 원하는 삶을 향해 대담한 행동을 실천할 때 때로는 그냥 잊어버리는 게 최선일 때도 있다.

완벽하게 깨끗한 집? 하루에 몇 분 최소한의 할 일만 하고 잊어버려라. 식기세척기에서 그릇을 빼지 않았다고 뭐라고 할 사람은 아무도 없다.

운송장이 생각했던 것보다 어둡게 나오는 것 같은 작은 문제가 생겼는가? 주소가 정확하고 읽는 데 문제가 없다면 아무도 문제라고 생각하지 않을 것이다. 잊어버려라. 나 역시 NGR에서 제품의 품질이나 판매에 아무 영향도 없는 사소한 디자인 문제를 두고 끙끙 앓곤 했다. 하지만 결국은 잊어버렸다.

SNS에 달리는 댓글 하나하나에 답변하고 '좋아요' 수를 확인하는가? 다 하려면 끝이 없다. 잊어버려라(아니면 맡겨라. 고객의 피드백이나 참여는 중요하지만 작은 일에 너무 매달리지 마라).

목표와 직접 연결되지 않는 문제는 잊어버려라. 특히 사업의 성패가 걸린 중요한 상황이라면 방해 요인이 없어야 한다. 집 청소나 새 운송장 주문은 나중에 해도 된다. 중요한 사람들은 그런 작은 문제로 당신을 판단하지 않는다. 하지만 큰 목표를 놓친다면 방향을 잃게 될 것이다.

네 번째 F, 집중(Focus)

3F는 사업을 시작할 때 특히 유용하다. 하지만 직장에서 업무

효율을 높여 한 단계 올라가고 싶거나 일 이외의 다른 분야에서 개선을 원할 때도 사용할 수 있다. 바꾸고 싶은 자기 모습을 3F를 활용해 고쳐보자. 건강한 생활 습관을 기르거나 파트너와 진지한 관계를 맺고 싶을 수 있다. 그럼 성가신 문제는 맡겨라(청소해 줄 사람을 고용하거나 식구들에게 짐을 나누자고 해보자). 쉽게 바꿀 순 없지만 결국에는 받아들여야 하는 문제는 잊어버려라(나는 내 코가 마음에 안 들지만 그냥 놔두기로 하고 잊어버린다). 3F를 문제에서 벗어나고 소중한 목표에 집중할 수 있게 도와주는 도구라고 생각하자. 이 도구를 이용해 잘하는 일에 집중하고 필요할 때는 도움을 받고 중요한 일에 방해되는 작은 문제들은 잊어버리자.

4부

최고가 아니어도
원하는 것을 얻을 수 있다

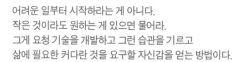

원하는 것을
구체적으로 요구해라

어려운 일부터 시작하라는 게 아니다.
작은 것이라도 원하는 게 있으면 물어라.
그게 요청 기술을 개발하고 그런 습관을 기르고
삶에 필요한 커다란 것을 요구할 자신감을 얻는 방법이다.

    이가 덜덜 떨리고 코가 빨개졌다. 입술은 추위 때문에 파랗게 질렸을 것이다. 유명 할리우드 배우의 눈길을 끌 만한 모습은 아니었다. 1995년 1월 중순 영하 40도까지 떨어져 뼈마저 시린 매니토바 주 위니펙에서 크게 부풀린 머리에 큰 꿈을 품은 열아홉 살 소녀였던 나는 공연장 뒷문 밖에서 유명 배우에게 쉽지 않은 부탁을 하려고 기다리고 있었다.

    나는 음악을 아주 좋아했고 당시 다른 10대 아이들과 마찬가지로 캐나다판 MTV라고 할 수 있는 머치뮤직(MuchMusic)이라는 채널을 줄기차게 시청했다. 그러다 새로운 VJ 자리가 생겼고 누구나 데모 테이프를 보낼 수 있는 기회가 열렸다. 이 말은 머치뮤직의 프로듀서들이 수천 개의 지원서를 받을 거라는 뜻이었다. 오디션을 볼 기회를 얻으려면 끝내주는 데모를 만들어서 눈에 띄는 수밖에 없었다. 진짜 멋지고 진짜 특출나서 도무지 무시할 수 없는 테이프를 내야 했다. 그러니 비록 영하 40도였지만 그날은 나에게 행운의 날이었다!

블록버스터 영화 「스피드」가 나온 지 얼마 안 됐을 때 주인공 키아누 리브스(Keanu Reeves)가 캐나다의 매니토바 극장 센터에서 「햄릿」을 공연했다. (내 생각에는 무대 경험을 통해 연기력을 시험해 보고 싶었던 것 같다. 매니토바라면 안전하다고 생각했을 것이다!) 나는 키아누 리브스를 인터뷰한 데모 테이프를 보내면 분명히 눈에 띄고 오디션 볼 기회도 생길 거라고 확신했다. 그래서 극장 밖에 서 있다가 얼음 조각상이 될 뻔한 것이다. 밤 공연을 끝낸 키아누가 뒷문으로 나오자마자 다가가서 부탁해 볼 생각이었다.

돌아보면 오랫동안 이 대담한 순간을 연습했던 것 같다. 어릴 때 올리브 가든 매니저에게 안내원 자리를 달라고 요구했을 때부터 말이다. 그때 처음으로 내가 원하는 것을 얻으려면 요청해야 한다는 걸 배웠다. 묻지 않으면 얻을 수 없다. 또 '최악의 상황은 무엇일까?'라는 중요한 질문을 자신에게 던져야 한다는 것도 알게 됐다. 키아누가 안 된다고 하거나 내 얼굴에 대고 웃음을 터뜨리거나 경비에게 날 내쫓으라고 한다 해도 나는 잃을 것이 없었다. 만일 좋다고 하면 적어도 위니펙 기준에서는 세상에서 제일 멋진 VJ 데모 테이프를 만들게 될 것이었다.

그렇게 키아누의 사인을 받으려고 기다리는 많은 소녀 팬 사이에서 떨고 있는데 드디어 그가 뒷문을 열고 나왔다. 기다리던 순간이었다! 내 기회가 왔다! 나는 팬들과 언론사 카메라들을 밀치고 키아누에게 다가갔다. 드디어 키아누의 어깨를 톡톡 두드려 내 꿈의 직업을 선사해 줄 '요청'을 전달할 때가 됐다.

키아누가 뒤돌아보자 나는 1초도 낭비하지 않았다. "키아누, 제 인터뷰에 응해주시겠어요? 머치뮤직 VJ라는 제 꿈을 이루기 위해 데모 테이프를 만들어야 해서요."

"사인해 드려요?" 키아누가 혼란스러운 표정으로 물었다.

"사인이요? 사인을 뭣 하러 받겠어요? 제가 꿈꾸던 일을 하려면 당신 도움이 필요해요."

"뭐라고요?"

나는 소란스러운 관중 사이에서 목소리를 높였다. "키아누,

제 꿈을 이룰 수 있게 도와주세요!"

"음, 그래요? 그럼 제게 번호를 주시고 내가 나중에 전화하면 좀 더 자세히 이야기해 주겠어요?"

키아누 리브스는 내가 성가셔서 그런 제안을 했겠지만 나는 껌 종이에 한 소녀가 건넨 아이라이너로 전화번호를 적어서 그에게 건넸다. 그리고 전화를 기다리겠다고 했다.

다음 날 학교에 내가 무슨 짓을 했는지 소문이 퍼지자 아이들은 키아누가 모든 걸 제쳐두고 '그래요, 낯선 아가씨. 내가 비디오 촬영을 도와주죠' 하고 찾아오겠냐며 나를 비웃고 조롱했다. 조롱은 며칠이나 계속됐다. 나를 잘 모르는 아이들조차 할리우드 스타가 내게 전화를 걸 거라고 믿냐며 웃어댔다.

하지만 마지막으로 웃은 사람은 나였다. 키아누에게 전화번호를 남긴 지 나흘이 지난 날, 학교 끝나고 집에 갔더니 자동 응답기에 한 남자가 메시지 두 개를 남겨놓았다고 엄마가 알려주었다. '세상에, 키아누가 전화해서 메시지를 한 개도 아닌 두 개나 남겼어!' 두 번째 메시지에서 키아누는 자기 전화번호를 알려주면서 자신에게 전화하면 데모 테이프 촬영을 도와주겠다고 했다!

이후 무슨 일이 일어났냐고? 키아누 리브스가(키아누 리브스가!)

우리 집 거실 소파에 앉아 엄마가 구운 초콜릿 칩 쿠키를 오물거리며 내 인터뷰 질문에 답했다. 이 사건을 증명할 테이프 사본이 지금도 있다! 내가 대담하게 요청한 덕분에, 그리고 키아누의 관대함 덕분에 나는 오디션을 볼 수 있었지만 안타깝게도 꿈에 그리던 일을 하지는 못했다. 그래도 나는 인생의 성공에 대한 큰 교훈을 얻었다. 원하는 것을 요구해라.

대담한 행동을 딱 한 가지만 한다면 이것을 해라
즉, 원하는 것을 요구해라

아주 간단하고 아주 기본적이고 아주 당연하게 들린다. 하지만 원하는 걸 요청하는 사람이 얼마나 될까? 그리고 되는대로 사는 사람은 얼마나 될까? 근육이 늘어나 다치거나 창피함을 느낄 위험 없이 할 수 있는 만큼만 손을 뻗으며 사는 사람은 또 얼마나 될까? 조금 불편하더라도(얼어 죽을 것 같은 날씨에 밖에서 기다리는 것처럼) 원하는 것을 요청하는 사람은? 그저 안주하려는 사람은 얼마나 될까? 너무도 많다.

우리 솔직해지자. 대부분 되는대로 산다는 걸 여러분도 알고 나도 안다. 대부분 눈앞에 놓인 삶을 살아간다. 자신이 가진 것,

가질 수 있는 것을 받아들이고 조용히 편안하고 편리한 삶을 따른다.

회사 이익에 엄청난 기여를 했으니 연말이 되면 어느 정도 연봉 인상이 있을 텐데 굳이 상사와 불편한 대화를 하면서까지 연초에 인상을 요구할 필요가 있을까?

거대 온라인 검색 포털에 올라온 일자리만 찾아봐도 되는데 왜 굳이 관심 있는 회사에 개별적으로 사람을 구하냐고 직접 물어봐야 하나?

자신을 좋아한다는 남자들을 만나지 않고 왜 마음에 드는 남자에게 데이트하지 않겠냐고 물어볼까?

왜 남들처럼 '현실적인' 아이디어를 떠올리지 않고 자신을 전혀 모르는 유명 배우에게 데모 테이프에 출연해 달라고 할까?

왜 요구하냐고? 원하는 것을 요구하지 않으면 얻을 수 없기 때문이다.

극단적으로 어려운 일부터 시작하라는 게 아니다. 자신만의 '키아누 리브스' 버전을 찾을 필요는 없다(원한다면 그것도 좋다!). 그런 과감한 시도가 자신에게 맞는다고 생각하는 사람도 있겠지만 보통은 원하는 것을 요구하는 게 편해지도록 메뉴에 없는 음식을 주문하는 일처럼 작은 것부터 시작하는 게 좋다.

BIG BAT

230

작은 것이라도 원하는 게 있으면 물어라. 그게 요청 기술을 개발하고 그런 습관을 기르고 삶에 필요한 커다란 것을 요구할 자신감을 얻는 방법이다.

원하는 것을 요청하는 방법을 몇 가지 소개한다. 매번 성공할 거라고 장담하지는 못하지만 매번 원하는 것에 가까이 갈 수 있으리란 건 보장한다.

1. 조사해라

누군가에게 큰 부탁을 하기 전 시간을 들여서 그 사람이 누구인지, 어떤 일을 했고 현재는 어떤 상황인지 조사해라. 경험상 나에게 인터뷰를 요청하거나 뭔가 도와달라고 부탁하면서 내 배경이나 내가 하는 일을 잘 모르는 사람은 시간을 들여 도와주고 싶은 마음이 생기지 않는다. 반대로 미리 조사해 본 티가 나는 사람에게는 훨씬 감동하게 되고 시간을 들이는 것도 괜찮다. 준비된 사람은 목표에 집중하는 게 보이고 진지하게 받아들여진다.

2. 진정한 관계를 쌓아라

당신을 돕는 것이 기분 좋게 느껴지는 관계를 맺어라. 대화하는 사람에게 진정한 관심을 보여주는 것이 좋은 관계를 쌓는 지름길이다. 호기심을 키우고 잘 들어라.

조사를 한다고 해도 보통은 SNS에 공개된 정보처럼 겉핥기식 정보밖에 얻을 수 없다. 이런 정보는 자신이 뭘 좋아하고 싫어하는지, 어떤 경험을 했는지 이야기하는 것을 직접 듣는 것과는 비교할 수 없다. 나는 사람들에게 질문하는 게 좋고 그래서 내 팟캐스트를 좋아한다. 그리고 특히 더 좋은 순간은 나와 이야기하는 사람의 표정이 밝아지고 행복해 보일 때다.

누군가에게 관심을 보이면 그 사람은 정말 기분이 좋아지고 나 역시 뭔가 배우므로 이득을 얻는다. 내면으로 깊이 들어간 질문을 던지고 대답에 귀를 기울여라. 물론 꼬치꼬치 캐묻는다는 생각이 들어 차단하는 사람도 있겠지만 일단 물어보기 전에는 어떤 일이 일어날지 모른다.

나는 가벼운 대화를 즐기지 않는 편이지만 그래도 처음 만나는 사람과 친해질 때는 이런 대화가 유용하다. 그렇다고 전체 대화를 가볍게 끝내선 안 된다. 일자리 소개든 커피 한잔 마시는 자리든 자신의 목적에 따라 상대가 생각할 수 있는 질문을 던져라. 날씨, 최근 밤새워 본 드라마, 좋아하는 식당 이야기는 어색한 분위기를 깨는 데는 좋지만 그다음은? 거기서 무슨 대화가 더 이어질 수 있을까?

상대방에 대해서 이미 조금 알고 있다면(조사를 했을 테니) 이미 익숙한 내용에서 좀 더 깊이 들어간 질문을 조금씩 시작한다. 그 사람을 성공하게 만든 특징은 무엇인가? 어떻게 원하는 삶을 얻었는가? 그들의 재능, 열정은 무엇이고 약점과 두려움은 무엇인가? 다른 사람들과 구분되는 그들만의 특징이 있다면 나는 그게 무엇인지 알고 싶다.

한 가지 효율적인 방법이 하나 있다면 새로 알게 된 사람과 공통점이 있는지 그 사람의 말을 주의 깊게 듣는 것이다. 그러면 빠르게 유대를 쌓을 수 있다. 공통점을 바탕으로 관계를 유지하고 강화할 방법을 찾아라. 두 사람이 모두 관심을 가지는 주제에 관한 흥미로운 기사가 있으면 이메일로 보내고 좋은 책을 읽고 나서 상대도 좋아할 것 같으면 선물하는 것도 좋다.

사소한 노력이 풍요로운 관계를 만든다. 사람들의 말에 귀를 기울이고 자기 생각도 나누자.

3. 구체적으로 말해라

무엇을 원하는지 안다면 정확하게 그것을 요구해라. 혼란이나 의심, 잘못 해석할 여지가 없도록 명확하고 구체적으로 간결하게 말해라. 너무 애매모호하게 말하면 요청한 것을 얻지 못할 확률이 높다. 정확하게 무엇을 원하는지 모를 때는 구체적인 방향이 마음속에 있어야 한다. 교육 분야에서 언론 쪽으로 진로를 바꾸고 싶다면 어떻게 하는 게 가장 좋을지 다른 사람의 의견이나 조언을 구하는 것도 괜찮다.

확실히 일반적인 정보를 얻으려는 경우가 아니라면 구체적인 목표도 없이 누군가에게 커피 한잔 사겠다고 제안하는 건 추천하지 않는다. 일반적인 설명도 분명 필요하다. 하지만 10대나 대학생, 아니면 이제 막 일을 시작한 사회초년생이 아니라면 무엇을 원하는지 명확히 생각하지도 않고 누군가의 시간을 요청하는 것은 조심해야 한다.

4. 보답해라

도움을 구하는 상대가 보답으로 뭘 기대하지 않더라도 가능하면 그들의 삶에 가치를 더할 방법을 생각해라. 기회가 생길 때 그들의 전문 분야를 다른 사람에게 추천하는 것 같은 사소하더라도 사려 깊은 행동은 오랜 관계를 쌓는 데 도움이 될 수 있다. 그들 역시 계속해서 당신을 도와주려고 할 것이다.

대학 체조 선수가 구체적인 진로 조언을 요청한 일이 있다.

아이가 체조를 좋아한다는 이야기를 꺼냈더니 그 선수는 바로 멋진 체조 동작 몇 개를 보여주겠다고 했고 나와 아이 모두 좋아했다. 이 젊은 여성이 순전히 이타적인 마음으로 그런 제안을 했을까? 아니다. 내 도움을 원했기 때문에 그렇게 한 것이다. 하지만 그녀의 관대함은 우리 모두에게 좋은 역할을 했다. 그 학생을 다시 도와줄 일이 있다면 나는 기꺼이 나설 것이다.

주는 게 있으면 돌아오는 게 있다. 친절한 행동과 보답은 당시에는 다른 조건 없이 즉흥적으로 한 일이더라도 두고두고 기억된다. 당신이 20대 때 친절을 베푼 사람이 20년 후 나타나 당신이 원하는 것을 얻을 수 있도록 도와줄 수도 있다. 모두에게 친절해라! 언제 다시 만날지 모른다.

5. 말투를 점검해라

말하는 내용이 아닌 말하는 방식이 중요하다. 사람들은 보통 부탁받았다고 기분이 상하지 않는다. 하지만 부탁하는 사람이 거만하게 굴면 도와주기 싫어진다. 강조하고 또 강조해도 지나치지 않은 말이다. 대담해진다고 머저리처럼 굴면 안 된다. 오히려 밝고 존중하는 마음으로, 거기에 약간의 겸손함까지 더하면 누구든 당신을 도와주려고 할 것이다.

환불 가능 기간이 지났는데 환불을 받으려고 할 때 얼굴에 미소를 띠며 점원에게 다가간다면 성공 확률이 올라갈 것이다. 거기에 유머 감각까지 더하면 더 좋을 것이다. 하지만 거들먹거리기나 한다면 어림도 없다. 이건 상식이다. 하지만 너무 많은 사람이 예의를 갖출 때 얻을 수 있는 게 얼마나 많은지 잊어버린다. 집세를 내려달라고 하든 타코에 매운 소스를 더 뿌려달라고 하든 정중하게 행동할 때 좋은 대답을 들을 확률이 훨씬 높다. 깡패처럼 굴면 확률은 급속도로 내려간다.

6. 사과하지 마라

원하는 것을 요청하는 것이 불편하지만 마침내 대담함 근육을 쫙 늘려 요청에 성공했다면, 정말 잘했다! 결과가 어떻든 한 단계 도약한 자신을 칭찬해 주자! 하지만 요청과 동시에 죄송하다고 사과했다면 내 축하를 거두겠다. "귀찮게 해서 죄송합니다만 뭘 좀 부탁해도 될까요?"

크고 대담한 부탁을 "바쁘신 건 알지만", 또 "지금 이런 걸 부탁드려서 너무 죄송하지만, 혹시……" 같은 말로 시작하지 마라. 제발 그만! 상대가 정말 바쁘다고 가정해 보자. 그 사람의 시간을 존중한다는 표현은 할 수 있지만 미안하다고 말할 필요는 없다. 이렇게 다시 요청해 보자. "바쁘신 건 알지만 지금 뭣 좀 부탁해도 될까요?" 이렇게 하면 미안하다는 말 없이 그 사람의 상황을 인지하고 있음을 보여줄 수 있다.

그리고 이런 말을 덧붙이려는 마음도 넣어두자. "안 되면 신경 쓰지 마세요. 별일 아니에요." 이런 말을 하면 꼭 분에 넘치는 요청을 했거나 중요하지 않은 걸 부탁한 것처럼 보인다. 별일 아닌 듯 부탁하면 원하는 것을 얻을 수 없다. 사실은 아주 중요한 일이니까! 당신은 중요한 사람이다. 삶은 중요한 문제다. 그러니 원하는 것을 요청할 때는 대담해져라. 사과하지 마라!

7. 당신의 성과를 그들의 것으로 만들어라

안타깝게도 순수하게 남을 돕는 일이 드물어졌다. '나한테 좋은 게 뭔데?'라는 태도가 문화 규범이 됐고 상사나 도움을 줄 수 있는 위치에 있는 사람에게 뭔가를 요청할 때는 이 점을 꼭 생각해야 한다. 당신의 요청이 그들에게도 이익이 된다고 믿게 할 때 원하는 것을 얻을 수 있다. 그들의 일 부담을 줄여주거나 나중에 승진할 가능성을 높여주는가? 상대방이 무엇을 얻을 수 있을지 생각해 본 후 자신에게 유리하게 이용해 보자. 당신의 부탁이 그들의 인생에도 긍정적인 영향을 준다면 요청에 응할 가능성이 높아질 것이다. 투자한다고 생각하게 하는 것도 좋다. 당신의 아이디어에 그 사람들의 도움을 받는 것이다. 상대의 제안에 마음을 열고 가능하다면 미래 계획에 그 제안을 적용해라.

8. 다시 물어라

다시 묻는 것은 원하는 것을 얻기 위한 필수적인 과정이다. 이렇게 하지 않으면 요청이 물거품이 될 수 있다. 우리는 대부분 다시 묻지 않는다. 애초에 요청하기가 정말 힘들었을 때는 특히 더 그렇다. 어떤 사람들은 짜증을 불러일으키거나 몹시 불쾌한 상황이 될 때까지 반복해서 요청하기도 하는데 이 역시 역효과를 낳을 수 있다. 얼마나 기다렸다가 다시 이야기를 꺼내야 하는지, 얼마나 자주 알려야 하는지는 그 사람과의 관계가 어떠냐에 따라 달라지므로 정확하게 이야기할 수 없지만 일을 끝맺는 건 아주 중요하다.

다시 이야기를 꺼낼 때는 상대방의 평판과 성격을 고려해야 한다. 변덕이 심하고 제멋대로라고 알려져 있는가, 아니면 믿을 만한 사람인가? 그 사람이 현재 어떤 일을 겪고 있는지도 생각해야 한다. 부서 전체를 책임지게 됐나? 죽음, 이혼, 자녀 출산 같은 개인적인 일이 일어나 하루하루가 혼란스럽고 누구의 이메일에도 답장을 못 하고 있나? 문자, 이메일, 전화 중에 무엇을 선호하는가? 상황에 맞춰 다시 묻는 기술을 익히자.

예를 하나 들어 이야기해 보자. 당신은 소규모 수제 비누 회사를 운영한다. 팔로워 수도 많고 몇몇 유명인과도 친한 뷰티 제품 인플루언서가 '향긋한 비누'에 '#푹빠졌어요'라고 DM을 보내면서 크리스마스 선물로 스무 상자를 주문할 테니 파티 일정에 맞게 이틀 안에 보내달라고 한다. 당신은 고마움을 표하며 밤새 선물 상자를 채워서 하루 일찍 받을 수 있도록 보내드리겠다고 약속한다. 이제 중요한 요청이 남았다. "제품 사진과 리뷰를 SNS에 올리고 제 계정을 태그해 주실 수 있을까요? 제 향긋한 비누 판매에 엄청난 도움이 될 것 같아서요." "당연히 해야죠." 인플루언서가 흔쾌히 답장한다. "비누 받자마자 인스타그램 스토리에 올릴 테니 기대해 주세요!"

다음 날 고객이 비누를 받고 사인을 했다는 페덱스 알림이 온다. 하지만 인플루언서는 며칠이 지나도록 파티 장식 사진은 올리면서 약속했던 비누 사진이나 리뷰는 올리지 않는다. 곧 크리스마스가 다가오고 이건 엄청난 판매 기회가 될 수도 있다. 재요청 시간이다! 다시 연락해서 물어보는 게 무례한 일일까? 아니다. 꼭 해주겠다고 하지 않았는가? 이렇게 물어보는 게 프로

답지 못한 일일까? 아니다. 당신 역시 프로고 이건 사업이다. 다시 물어보면 비누를 이제 주문하지 않을까? 아마 아닐 것이다 (바보가 아니라면). 이건 대담한 사람이 잡을 수 있는 기회다. 당신의 사업에는 이번 판매가 정말 중요하다. 누군가 짜증 낼까 걱정할 때가 아니다. 그러니 움직여라.

부탁하고 싶은 사람에게 '무죄 추정의 원칙'을 적용하자. '정말 당일에 영상을 올릴 생각으로 약속했는데 깜빡 잊어버렸지 뭐예요. 알려줘서 고마워요. 모르고 넘어갔다면 정말 찝찝했을 것 같거든요.' 참고로 나는 아주 유명한 인플루언서들에게도 주저 없이 다시 물어본다. 한 번 더 물어보면 상황이 바뀐다. 재요청을 통해 요청을 마무리하자. 재요청은 또 다른 형태의 요청일 뿐이다!

요청하지 않으면 대답은 항상 '아니오'니까

성격에 따라 자신만의 요청 스타일을 개발하고 주어진 환경에 따라 변형할 수 있다. 급한 일인가? 부탁하려는 사람을 얼마나 잘 아는가? 까다로운가, 너그러운가? 부탁할 일에 관한 다른 준비는 다 돼 있는가? 많은 요소가 모여 당신의 스타일을 이룬

다. 하지만 그중에서도 꼭 지켜야 하는 원칙 몇 가지가 있다. 사과하지 말 것, 예의를 갖출 것, 다시 요청할 것.

그것 말고는 자신에게 맞는 방법을 찾아서 바로 실천해라. 다른 사람에게 원하는 것을 요청하는 대담한 행동을 한번 시작하면 되는대로 사는 삶은 그만두게 될 것이다.

성공의 자질은
재능이 아닌 대담함이다

인생에서 원하는 것을 얻기 위해서는
똑똑한 것보다 대담한 것이 낫다.
똑똑한 사람은 실패하는 법을 모른다.
하지만 성공하려면 실패하는 법을 알아야 한다.

"우리는 평생 뛰어난 사람이 성공한다는 거짓말을 듣고 살았습니다. 장담하는데 세상은 뛰어난 사람이 아니라 대담한 사람을 좋아해요."

참 대담한 말이었다. MIT의 학생, 교수, 행정 직원 등 지구상에서 가장 똑똑한 사람들이 잔뜩 모인 강의실에서 이런 말을 했으니 나도 참 뻔뻔하다. 2021년 11월 나는 MIT에서 매해 열리는 '실패: 회복탄력성을 키우다'라는 콘퍼런스에서 내가 어떻게 실패를 극복했고 그들 역시 어떻게 극복할 수 있는지 강연해 달라는 요청을 받았다.

MIT가 왜 날 초대했냐고?(나도 맨 처음 궁금했던 게 그거다!) 알고 보니 똑똑한 학생들 중 일부가 '실패하는 데 실패'해서 심각한 정서 및 정신 건강 문제를 겪고 있었는데, 우연히도 실패가 내 특기였다. 아니 회복탄력성을 키워 실패를 극복하는 것이 내 최대 장점이라고 해야 할까? 그날 청중에게 이야기했듯이, "나는 실패에 석사 학위가 있는 것 같기는 한데, 사실 재빨리 다시 일어서는 데에는 박사 학위가 있다."

항상 전교 1등만 하고 전 과목 A만 받아온 사람이라면 명문 대학에 합격했다고 해도 주변에서 아무도 놀라지 않을 것이다. 다들 그러려니 할 테니까. 부모님은 자랑스러워하고 선생님들은 기뻐하고 친구들은 당연히 최고 대학에 들어갈 줄 알았던 친구라며 심드렁해할 것이다. "넌 고등학교 때 낸 과학 과제로 노벨상을 타야 했어, 친구야!"라고 할지도 모른다. 그 사람은 어느새 전교에서 가장 똑똑한 아이가 자신의 정체성이 된다.

내가 다니던 고등학교에도 그런 친구가 있었다(그 친구를 피트라고 하겠다). 대부분의 교사보다 더 똑똑한 학생이었던 피트는 고등학교를 순조롭게 졸업했다. 피트가 별 노력도 없이 좋은 성적을 얻는 동안 나는 몇몇 과목에서는 죽어라 공부해야 C라도 겨우 받을 수 있었다. 앞에서 이야기했듯이 아무것도 쉬운 게 없었기 때문에 다른 쪽에서 방법을 찾아야 했다. 열심히 공부했는데도 원하는 성적을 받지 못했지만 근성과 회복탄력성을 키워서 '특별 지도 교사'에게 개인 지도를 받는 부끄러움은 털어냈다. 그 과정에서 나와 다른 사람들에게 실패했다고 패배자가 되는 건 아니라는 걸 증명하기 위해 성공을 향한 의지와 끈기를 갈고닦았다. 그냥 포기했다면 그저 포기한 사람으로 남았을 것이다.

피트는 실망스러운 결과를 받아들이거나 실패하고도 무너지지 않는 법을 배울 필요가 없었다. 손쉽게 학교를 마치고 성공을 당연하게 여기다 보니 회복탄력성이 무뎌졌을 것이다. 내가 성공하기 위해 끝없이 내 약점을 보완할 방법을 찾는 동안 피트와 피트처럼 똑똑한 친구들은 실패 후 인내하는 법을 배우지 못했다.

올A가 답은 아니다

인생에서 원하는 것을 얻기 위해서는 똑똑한 것보다 대담한 것이 낫다. 똑똑한 사람이 성공하지 못한다는 뜻이 아니다. 대담하면서 똑똑한 사람이 없다는 뜻도 아니다. 하지만 우리는 대부분 피트 수준으로 똑똑하지는 않다. 하지만 모두 제니퍼 수준으로 대담해지는 법은 배울 수 있다.

피트 같은 똑똑한 학생이 MIT 같은 학교에 들어간다는 건 태어나 처음으로 똑똑한 동급생, 똑똑한 룸메이트, 똑똑한 친구를 만난다는 뜻이다. 어떤 학생들은 더 똑똑하다. 갑자기 피트는 더 이상 가장 똑똑한 학생이 아니다. '평균적인' 반 친구들은 끙끙대는 수학 문제나 시험지를 척척 풀던 피트가 이제는 쉽게 풀리지 않는 문제를 앞에 두고 고전한다. 공부가 힘들어 쩔쩔매던 '제니퍼'가 되는 것이다. 하지만 새롭게 드러난 약점을 극복하는 데 필요한 회복탄력성과 적응 기술은 없는 제니퍼다. 이들은 틀리지 않으려는 심산으로 교수가 낸 문제를 지나치게 분석하고 가능한 해법을 과도하게 생각하면서(똑똑하다 보니 잘못될 방법도 많이 알아서) 자기 의심에 사로잡힌다.

고등학교에서 좋은 성적을 받다가 대학에 들어가서 어려운 공부와 경쟁에 충격받는 학생들은 실패에 대한 두려움 탓에 자신감을 잃고 큰 부담을 느끼기 쉽다. 그러면 정신적, 심리적 행복감도 떨어지는데, 특히 이런 일에 대응할 만한 성격을 타고나지 않으면 더 힘들어진다. 쉽게 말해 이들은 실패하는 법을 모른다. 그리고 성공하려면 실패하는 법을 알아야 한다.

나는 대학에서 좋은 성적을 받지 못했을 때 좀 실망하긴 했지만 절망하지는 않았다. 하지만 고등학교에서 A만 받던 신입생들은 처음으로 C나 D, 아니면 F를 받을까 봐 걱정하다가 평균적인 학생들보다 더 위축되기도 한다. 이런 심리적 타격이 심각한 결과를 가져오고 비극을 일으키기도 한다. 최상위 학생들을 받는 일부 학교는 캠퍼스 내 자살률 또한 평균 이상이다. 2015년 MIT는 이 문제를 심각하게 받아들였다. 학교 행정부는 수업 부담을 줄이고 정신 건강에 대한 인식 개선과 '실패: 회복탄력성을 키우다' 콘퍼런스 같은 프로그램을 마련하는 데 더 신경을 쓰게 됐다. 그렇게 해서 피트처럼 똑똑한 학생들이 가득 모인 MIT 강당에서 내가 강연을 하게 된 것이다. 내 역할은 학생들에게 실패해도 괜찮다는 사실을 알리는 것이었다. 여러분도 그걸 알았으면 한다.

원하는 것을 얻을 수 없다면? 머리 탓이다

세상에는 대단한 지능으로 크게 성공한 사람들이 많다. 일론 머스크, 빌 게이츠, 수전 워치츠키(Susan Wojcicki, 구글 창업 시기부터 구글에 참여하고 최근까지 유튜브를 이끈 미국 기업인—옮긴이), 마크 저커버그(Mark Zuckerberg), 제프 베이조스(Jeff Bezos) 등. 하지만 지능이 성공으로 이어지지 않아 대중에 알려지지 않은 천재적인 사람도 많다. 똑똑한 사람들이 늘 앞서 나가는 것은 아니다. 그보다는 대담한 사람이 앞서 나간다. (그런데 피트가 어떻게 됐는지는 아무도 모르는 것 같다.)

항상 '똑똑한 아이'라는 말을 듣고 자란 사람은 내가 이야기해본 몇몇 학생처럼 거절을 두려워하게 될 수 있다. 그 학생들은 실패하면 정체성에 의문이라도 생기는 듯 실패를 두려워한다. 실패는 이들의 자존감을 위협하고 자기 의심의 굴레에 기름을 칠한다. 사람들은 자신에 대한 의심 때문에 영혼을 갉아먹는 직업에서 벗어나지 못하고 적절한 돈을 벌지 못하며 앞으로 나아가지 못한다.

똑똑한 사람들은 열심히 준비한다. 대담한 행동을 가로막지만 않는다면 아니 그저 행동하는 것마저 가로막지 않는다면 아주 좋은 특성이다. 이들은 찬반 목록을 만들고 업무 흐름도를 그리고 배경을 조사하다 검색의 블랙홀로 빨려든다. 때로는 '너무 많이' 아는 것이 가능해진다. 그때가 되면 잘못될 수 있는 모든 방법을 생각하게 되고 정보가 과도해 분석하지 못하는 지경에 이른다. 똑똑한 사람들은 내릴 수 있는 모든 결정과 선택할 수 있는 모든 움직임을 분석하느라 꼼짝 못 하기도 한다. 실패가 두려워서 아무것도 하지 않으면 당연히 원하는 것을 얻지 못한다(그래서 순진함이 힘이라고 말한 원칙 9가 사실인 것이다).

이들은 성공할 만큼 충분히 똑똑한데도 목표를 향한 첫발을 내디디려고 하지 않는다. 위험을 회피하려 하면 할수록 회복탄력성은 떨어지고 이런 악순환이 계속되면서 점점 더 위험을 피한다.

내가 세상의 피트들을 괴롭히고 있다는 건 인정한다. 하지만 전 과목 A를 받지 않았더라도 너무 똑똑해서 자신에게 이익이 되는 일을 하지 못하는 일은 누구에게나 생길 수 있다. 때론 머리보다 체력을 키우는 게 답이 될 수 있다. 그러면 자기 행동을 과도하게 분석하느라 멈추지 않을 테니까. 그냥 힘으로 밀고 나가는 것이다.

근로자가 급여 인상을 요청할 때가 결과를 너무 많이 생각하는 전형적인 예 중 하나다. 급여 소프트웨어 회사 페이스케일(PayScale)이 연봉 인상 자격이 있다고 생각하는 근로자 16만 명 이상을 조사했다. 이들 가운데 3분의 2는 급여를 인상할 수 있다고 생각하면서도 거절당할 거라는 생각에 상사에게 말을 꺼내지 않았다. 하지만 대담하게 움직인 나머지 3분의 1은 어떻게 됐을까? 70퍼센트가 요청한 만큼 인상된 급여를 받았다.

원하는 것에 대해 지나치게 많이 생각한 적이 있는가? 머리로 찬성과 반대 목록을 만들다 보니 반대에 무게가 실리면서 몸이 얼어붙었는가? '그거 하지 마, 이 목록을 좀 봐. 넌 실패할 거야.' 페이스케일 조사에서 이야기한 연봉 인상 요청이 아닌 다른 일이었을 수도 있다. 어쩌면 저축한 돈을 꺼내 지금 당장 원하던 회사를 차리고 싶었을 수도 있다. 처음에는 투자도 확실히 받고 바닥부터 시작하겠다고 마음먹었는데 갑자기 돈과 상식을 고려해 사업을 미루거나 아예 접자는 '똑똑한' 생각이 떠올랐을 것이다. 어쩌면 회의 시간에 손을 들고 해결책이나 아이디어를 이야기하지 말아야 하는 '똑똑한' 이유를 나열하거나, 서로 호감이 있는 것 같은 사람에게 전화해 데이트 신청하는 것이 '똑똑한' 행동이 아니라고 속삭이는 머릿속의 목소리에 수긍했을 수도 있다. '바보 같은 짓 하지 마!'

가던 길을 멈추고, 하지 말아야 하는 모든 이유를 떠올리다 보면 자신에 대한 의심과 두려움(지금 상황도 '그럭저럭 괜찮다'고 믿게 만드는 두 가지 쌍둥이 감정)으로 얼어붙을 것이다. 대담한 행동이 원하는 것을 얻도록 도와주는 좋은 습관이라면 지나친 생각은 완전히 정반대로, 부숴버려야 하는 부정적인 습관이다.

의도는 좋다. 실패의 고통으로부터 자신을 보호하려는 거니까. 하지만 때로는 잘난 척하는 친구에게 좀 닥치라고 해야 한다. 그만 생각하고 그냥 해라. 그리고 똑똑함이 아니라 대담함이 당신을 성공으로 가는 길로 데려다준다는 걸 잊지 마라.

성공하려면 실패에 익숙해져라

대담한 사람들은 실패한다. 아주 대담한 사람들도 실패한다. 특히 아주 대담한 사람들이 더 실패한다. 우리는 자주 실패한다. 너무 많이 실패해서 실패할 계획까지 짠다. 우리는 실패가 너무 익숙해서 실패를 꼭 편안한 옛 친구처럼 느낀다. 실패하지 않았다면 원하는 것을 좇지 않았다는 말이다. 더 크고 더 멋지고 더 대담한 삶을 원한다면 실패가 과정의 일부라는 점을 받아들여야 한다.

때로는 너무 크게 실패해서 녹초가 된 것 같고, 회복하려면 한동안 쉬어야 할 것 같기도 하다. 그건 괜찮다. 실패는 너무 파괴력이 커서 마음이 아프고 패배자가 된 듯한 기분도 든다. 하지만 패배자라서 진 게 아니라 실패해서 진 거다. 그리고 대담한 사람이라면, 준비가 됐을 때 다시 도전할 것이다.

더 큰 인생은 가만히 앉아 있을 때 찾아오지 않는다. 더 나은 인생은 주어진 것에 안주할 때 찾아오지 않는다. 더 대담한 인생은 실패에 익숙해지지 않고서는 만날 수 없다. 사람들은 대부분 실패했다고 원하는 것을 놓치지 않는다. 노력을 그만뒀기 때문에 원하는 것을 얻지 못한다.

그러면 어떻게 해야 실패에 익숙해질 수 있을까? 편하게 요구하기와 같은 방식이다. 연습해야 한다! 원칙 13에서 배운 요청하기 기술을 갈고닦아라. 그리고 사람들이 눈앞에서 문을 쾅 닫고, 안 된다고 말하고, 비웃고, 차단하는 일에 익숙해져라. 실패하고 망치고 날리고 잃고 거부당하는 일을 편안하게 여겨라.

다음에 이야기할 10퍼센트 목표 원칙은 실패하기 수업의 최고급 과정이다. 그러나 이제 알다시피 실패하는 방법은 곧 성공하는 방법이다.

• 게으름뱅이라고? 아니, 대담한 것이다

엘런 디제너러스(Ellen DeGeneres, 미국의 유명 코미디언이자 TV 쇼 사회자—옮긴이)는 첫 학기를 마친 후 뉴올리언스 대학교를 그만뒀다. 오프라 윈프리(Oprah Winfrey) 역시 대학을 마치지 않았다. 오프라 윈프리의 후배라고 할 수 있는, 유명 요리사이자 TV 쇼 진행자 레이철 레이(Rachel Ray)는 대학 학위도 없고 정식 요리 교육을 받지도 않았다. 맥도날드 창립자 레이 크록(Ray Kroc)이나 웬디스 창립자 데이브 토머스(Dave Thomas)는 둘 다 고졸이다. 또 켄터키프라이드치킨(Kentucky Fried Chicken)을 세운 커널 샌더스(Colonel Sanders)는 초등학교도 졸업하지 못했다. 세계 최대 소매업체 자라(Zara)를 세운 아만시오 오르테가(Amancio Ortega)는 열네 살에, 위대한 사업가 리처드 브랜슨은 열여섯 살에 고등학교를 중퇴했다. 동기부여 전문가 토니 로빈스는 대학에 가지 않았고 애플 공동 창업자 스티브 잡스는 대학을 졸업하지 못했다. 마담 C. J. 워커 제조 회사를 설립한 마담 C. J. 워커(Madame C. J. Walker)는 미국 최초로 자수성가한 여성 백만장자로 형제들 가운데 처음으로 1867년 자유인으로 태어났다. 그녀 역시 3개월밖에 학교에 다니지 못했다.

대담한 성취를 이룬 이들에게 노력과 회복탄력성은 정규교육의 빈틈을 채우는 역할 이상이다. 학교를 때려치우라는 말이 아니다. 대학을 졸업한 사람이 대학에 가지 않거나 중도에 그만둔 사람보다 돈을 더 많이 벌고 전반적으로 잘산다는 연구 결과가 반복적으로 나오고 있다. 하지만 수석으로 졸업한다고 풍요로운 삶이 보장되지는 않는다. 풍요로움은 실패에서 일어나는 법을 아는 사람에게 찾아온다.

1할의 법칙

10퍼센트를 목표로 하는 마음가짐은
계속 실패할 가능성에 익숙해진다는 의미다.
목표를 놓쳤다고 포기하지 않는다.
실패할 때마다 더 강해져서 더 대담하게 다음 시도를 준비한다.

제임스 다이슨 경(Sir James Dyson)은 다이슨 청소기가 된 제품을 디자인하기 전 더 좋은 진공청소기를 만들기 위해 5,126개의 디자인을 시도했다.

헨리 포드(Henry Ford)는 첫 포드 자동차를 내놓기 전 투자금을 날리고 파산했다.

커널 샌더스는 요리 비법을 천 번 이상(정확히 말하면 1,009번) 실험한 후 레스토랑에 팔며 KFC를 시작했다.

월트 디즈니(Walt Disney)는 "상상력과 좋은 아이디어가 부족해서" 신문 편집자에게 해고당했다.

라이트 형제는 키티 호크(미국 노스캐롤라이나 주의 소도시—옮긴이)에서 비행에 성공하기 전 전혀 날지 못하거나 거의 날지 못한 비행기를 여러 대 설계했다.

J.K. 롤링이 쓴 첫 『해리 포터』 원고는 열두 개 출판사에서 거절당했고 스티븐 킹(Stephen King)은 『캐리』로 서른 번이나 거절당하는 기록을 세웠다.

이 모든 유명한 실패의 공통점은 무엇일까?

이들은 계속해서 시도했다.

무엇을 원하는지 알고 있다면, 그것을 얻을 수 있다고 믿는다면…… 로드맵을 만들었다면…… 더 크고 더 낫고 더 대담한 원칙을 이용해 원하는 것을 요구하고 거절당하는 것에도 익숙해졌다면…… 실패가 승리로 이어진다고 믿는다면…… 이제 10퍼센트 목표를 배울 준비가 됐다.

방식은 이렇다. 90퍼센트는 목표를 맞추지 못하더라도 성공이라는 마음가짐으로 원하는 것을 얻기 위해 열 번 시도하는 연습을 하자. 열 번째 시도할 때가 되면 목표를 맞추거나, 실패하기 직전까지도 미처 몰랐던 더 크고 더 좋고 더 대담한 기회를 발견할 것이다. 열 번까지 시도하지 않아도 성공할 것이다. 경험으로 볼 때 가장 효율이 좋은 구간은 다섯 번째에서 열 번째 사이다.

대부분은 원하는 것을 얻기 위해 열 번까지 시도하지 않는다. '한 번'도 시도하지 않는 사람도 많다. 그들은 자신이 원하는 것은 얻기 어렵거나 자신에게 과분하거나 얻을 방법이 없다고 스스로를 설득한다. 대부분 가진 것에 안주하는 이유가 여기에 있다.

또한 사람들은 대부분 대담하게 행동하지 않는다. 10퍼센트를 목표로 하는 마음가짐은 열에 아홉, 그러니까 사실상 계속 실패할 가능성에 익숙해진다는 의미다. 하지만 목표를 놓쳤다고 포기하지는 않는다. 한 번 실패할 때마다 더 강해져서 더 대담하게 다음 시도를 준비할 것을 알기에 다시, 그리고 또다시 시도한다.

진짜 멋진 부분은 따로 있다. 우리 두뇌는 우리가 한 번 시도할 때마다 다음 시도를 기대하며 즐거워하도록 훈련한다. 그래서 목표를 달성하지 못했더라도 노력했다는 사실 덕분에 보상을 기대할 때 뇌에서 방출되는 행복 화학물질인 달콤한 도파민

이 터져 나온다. 만일 성공한다면? 목표를 이뤘다는 성취감을 얻는다. 10퍼센트 목표라는 마음이 있으면 이미 나머지 90퍼센트 사람들보다 앞선 것이다.

연습하기, 그리고 실패하기

10퍼센트 목표는 어디에나 무슨 일에나 적용할 수 있다.

이 방식이 어떻게 작동하는지 요리를 예로 들어 자세하게 이야기해 보겠다. 실감 나는 예를 위해 당신이 음식을 정말 못 하거나 사 먹는 일이 잦다고 가정해 보자. 그래서 좋은 음식을 직접 만들어 먹고 싶다. 목표는 맛있는 가정식이다. 로스트 치킨을 만들 줄 아는가? 샐러드를 휘리릭 준비해 완벽한 드레싱을 뿌리는 건? 초콜릿케이크는 구울 수 있나? 절대 못 한다고? 흠, 시도를 한 번도 안 해봤거나 한 번밖에 안 해봤기 때문일 것이다. 로스트 치킨이 타고 샐러드가 푹 시들고 초콜릿케이크가 뭉개졌을 때 아홉 번 더 시도해 봤는가? 요리는 원하는 것을 요청하는 것과 마찬가지로 배우고 연습해야 하는 기술이다. 그리고 열 번까지 시도하지 않아도 성공할 수 있다. 앞에서 말했듯 다섯 번 정도 해보면 자기 방식이 드러난다.

숫자 세기 게임이라고 생각해 보자. 그냥 수만 늘리는 것이다. 계속할수록 성공 확률이 높아진다. 이렇게 확실한데도 한두 번 시도해 보고 포기하거나 아예 시도조차 하지 않는 사람을 만날 때마다 나는 엄청난 충격을 받는다.

일은 어떨까? 연봉을 올리고 싶어 조사를 했고 스프레드시트를 만들어 이유를 철저하게 적고 원하는 이야기를 꺼내는 연습도 했으며 자신에 대한 믿음도 있다. 상사의 방에 들어가 하고 싶은 이야기를 꺼내지만 "지금은 안 되겠는데"라는 답을 듣는다. 거절이다. 그래서 자기 책상으로 다시 돌아온다. 흠, 기대한 결과는 나오지 않았다. 하지만…… 상사는 작은 틈을 열어놓았다. '지금은' 안 된다고 했잖아? 그러니 한 달 더 기다렸다가 다시 물어본다. 또 거절당한다. 다시 컴퓨터 앞에 앉아서 다음 행동을 생각한다. 그런데…… 잠깐, 이게 뭐지? 상사가 전화해서 지금은 연봉을 올려줄 수 없지만 더 나은 업무를 배정하겠다고 한다. 연봉 인상은 승진한 후에야 가능하다고. 하지만 당신이, 대담하기 짝이 없는 바로 당신이, 얼마나 열성적인지 보여줬기 때문에 이제 가장 승진 가능성이 높은 직원이 됐다. 득점! 한 번 더 요청한 것에 추가 점수를 주고 싶다. 그 덕분에 한발 앞서 나갈 수 있었으니까.

10퍼센트 목표는 침실에서도 사용할 수 있는데, 전체 연령 등급으로 말해보겠다. 당신은 배우자가 항상 마루에 양말을 벗어 놓는 통에 그 양말을 빨래통에 넣으며 잔소리를 한다. 하지만 짜증 나는 그 양말을 직접 빨래통에 넣으라고 요구한 적이 있는가? 없다고? 한 번도? 요구해라! 한두 번 해봤는데 그냥 직접 하는 게 낫겠다고 포기했는가? 이런 일이 바로 열 번 요구해야 하는 일이다! 포기하지 마라. (배우자에게 다른 건 또 뭘 요구할지는 각자가 생각해 보기 바란다. 한번 해보면 재미있을 것이다.)

'10퍼센트 목표 달성하기'라는 마음가짐은 삶의 전 분야에 적용할 수 있고 사랑을 할 때도 가능하다. 하지만 한 가지 조심해야 할 것이 있다. 목표 대상을 간절히 원해야 한다. 거짓으로 포장해선 안 된다. 자신의 목표를 믿어야 한다. 요리가 싫다면 완벽한 로스트 치킨은 절대 만들 수 없다. 일이 싫다면 연봉도 올리기 힘들고 승진도 어려울 것이다. 하지만 지난 주말 애견 공원에서 만난 사람이 정말 마음에 들었고 그 사람도 당신을 좋아하는 것 같았다면 커피 데이트를 신청해라. 열 번 시도하기 전에 그 사람이 먼저 당신에게 마룻바닥에 놓인 양말을 집어 들라고 할 수도 있다.

원하는 것을 계속 생각하는 대신 그것을 얻기 위해 어떤 노력을 했는지, 목표에 얼마나 가까이 다가갔는지, 그리고 다음에는 방법을 어떻게 바꿔볼 것인지 적어라. 때로는 근육을 쉬면서 몸을 회복해야 다음 시도를 위해 출동할 수 있다. 효과가 있었던 방향을 생각하면서 관점을 바꾸면 추진력을 높일 수 있다.

열 번째 시도도 실패했다고? 그래도 당신이 이겼다

나는 10퍼센트 목표라는 이름을 정하기 전부터 나도 모르게 이 아이디어를 직접 실천했다. 올리브 가든에서 일하고 키아누 리브스를 만나 데모 테이프를 찍으며 내가 원하는 것을 좇는 아이였으니까. 무용단에 들어가려고 했지만 체육관에 다니면서 인생 전체가 바뀐 경험도 마찬가지다. 캐나다에서 LA로 옮겨 직장을 몇 군데 거친 뒤에 내가 잘할 수 있는 일을 찾을 때도 그랬고 스타트업 신발 회사나 다른 몇몇 벤처 회사를 운영하면서 전화기를 들고 투자금을 구할 때 역시 그랬다. 또 TV 토크쇼를 하고 싶었다가 팟캐스트를 하게 된 것도 마찬가지다.

나는 열 번 시도하기 전에 항상 원하는 것을 얻었을까? 아니다. 하지만 어떻게 됐는지 말해보겠다. 내가 말한 일화 중 하나만 골라보자. 안내원 역할을 하고 싶었던 나, 또는 텔레비전 쇼를 맡고 싶었던 나, 무엇이든지 상관없다. 나는 화살을 쏘는 족족 과녁을 맞히지 못했다. 실패하고 지고 목표를 놓쳤다. 하지만 어느 순간 더 좋은 걸 하게 됐다. 한 번도 빼놓지 않고 매번.

텔레비전 방송 계약을 계속 시도하지 않고 대신 팟캐스트를 운영한 것은? 나한테 딱 맞는 일이다! 머치뮤직 VJ를 하지 못한 건? 너무 좋다! 그 일을 못 하게 된 덕분에 LA로 넘어가 스리 아트 엔터테인먼트에서 일하게 됐으니까. 이곳에서 매일 다양한 시도를 하면서 적응하려고 했으나 잘되지 않았다. 그 결과 스리 아트 엔터테인먼트를 떠난 것은? 정말 이상적인 결정이었다. 덕분에 이모탈 레코드로 갔고 여기에서 피트니스 트레이닝을 하게 됐으니까. 다른 일도 마찬가지다. 고등학생 시절 무용단에 들어가려고 피나는 노력을 했지만 들어가지 못했다. 하지만 덕분에 체육관에 다닐 수 있었다.

여기서 변하지 않은 점이 있다면? 나는 쉬지 않고 시도했다. 목적지에 도달하지 못했지만 방향이 있었다. 그리고 처음 원하던 것을 얻지 못했을 때도 언제나 더 좋은 것을 찾아냈다. 나는 절대 안주하지 않았다. 여러분도 쉬지 않고 시도한다면 그렇게 될 것이다.

실패에 면역력을 길러라

실패는 자신에 대해 배울 기회다. 어떤 장점을 더 갈고닦아야 할지, 약점 또한 고쳐야 할지 잊어버려야 할지 아니면 다음에는 다른 사람에게 맡겨야 할지 알게 된다.

패배에서 겸손을 배우고 다른 사람들의 실패에 공감할 수 있다.

창의성을 키울 수 있다. 한 가지 방법으로 실패하면 원하는 것을 얻을 새로운 방법을 상상할 수 있다.

진정으로 원하는 것이 무엇인지 통찰할 수 있게 된다. 정말 그 직업을 원했을까? 아니면 정해진 길을 따라가는 게 편해서 그 직업을 원한다고 그저 짐작한 것뿐일까?

실패를 통해 우리는 다른 방식으로는 상상하지 못할 더 크고 더 좋은 기회를 생각한다.

실패는 더 열심히 노력하고 성공하고 싶다는 의욕을 불어넣는다.

실패는 우리가 드디어 '최악의 상황은 무엇일까?'라는 질문의 답을 확인하고 살아남았음을 알아채게 해준다.

실패는 승리다! 우리가 대담한 행동을 실행하는 데 성공했고 안주하지 않았다는 의미니까.

낙담하지 말자. 우리는 한 번 실패할 때마다 그 쓰라림에 둔감해진다. 또한 그때마다 과녁의 한복판을 맞추거나 더 좋은 보상을 얻을 확률도 높아진다.

실패는 당신이 패배자라는 뜻이 아니다. 오히려 당신이 대담하다는 의미다.

원칙 16

거절당하는 것이
후회하는 것보다 낫다

언제나 거절이 후회보다 낫다.
후회의 고통보다는 거절의 따끔함이 더 극복하기 쉽다.
거절은 방향을 재설정하거나 다른 것을 얻게 해준다.
하지만 시도하지 않으면 아무것도 얻지 못하고 끝난다.

최근에 한 작은 기업의 대표가 내 TEDx 토크 영상을 봤다고 알려왔다. 그의 글을 읽고 소름이 돋을 뻔했다.

"제가 마지막으로 시작해서 키우고 매각한 회사는 현재 직원이 4,000명입니다. 제가 지난 몇 년 동안 발견한 게 있는데요. 가장 뛰어난 직원들은 대학에서 선발 선수로 뛰지 않았거나 1~2년 정도만 뛴 선수들이었습니다. 이들은 그저 매일 충실하게 연습하면서도 선발 선수가 될 수 없다는 걸 받아들이는 데 익숙한 것 같더 군요. 이렇게 충실하게 노력하고 결과를 받아들이는 '습관'이 우리 회사의 성공 비결입니다."

단순히 노력한다는 생각, 특히 실패했을 때도 이 노력을 반복 한다는 생각이 대담함의 본질이다. 다시 일어서는 능력이 언제나 우리를 구할 것이다.

실패는 정말 아프다. 폭발적인 인기를 끌었던 내 신발 회사 NGR은 어땠을까? 크게 성공했지만 그 성공이 끝까지 이어지지는 않았다. 비즈니스 측면에서 볼 때는 완전히 실패했다. 모든 것이 아름답게 흘러갔고 3F가 실전에서 적용되는 완벽한 예를 볼 수 있었지만 말이다. 로런스와 나는 사업이 날로 커지자 폭발적인 성장을 감당할 수 있는 사람에게 회사를 넘기려고 구매자를 물색했다. 계약까지 마쳤는데…… 복잡한 이유로 회사가 무너졌다. 그뿐 아니라 남아 있던 사업을 정리하기 위한 법률 비용으로 적지 않은 돈을 내야 했다. 내 경력의 최저점이었고 진정한 실패였다. 내가 가장 잘 알고 내 정체성의 일부라고까지 할 수 있는 피트니스 사업이 완전히 실패로 돌아갔다는 사실이 정말 고통스러웠다.

하지만 고통은 영원하지 않다. 은행 계좌가 바닥을 보이고 자존심도 다쳤지만 내 노력을 보여주는 것도 많이 남았다. 무수히 많은 사업 인맥과 언론 연락처가 생겼고 빠르게 성장하는 회사를 운영하고 다양한 분야를 관리하는 데 필요한 심도 깊은 지식을 얻었다. 또 내가 다시 한번 방향을 틀 때 내 삶에 다시 들어올 수많은 사람이 있었다. 많은 시간과 노력을 들인 사업이 원하는 대로 흘러가지는 않았지만 그 과정에서 만난 사람들이 지금까지도 나와 함께 일한다. 정말 많은 것을 배웠다.

아팠냐고? 말도 못 하게 아팠다. 하지만…… 고통은 로켓의 연료다. 우리는 고통을 다시는 시도하지 않을 핑계로 삼을 수도 있고 이 힘을 바탕으로 다음 시도를 준비할 수도 있다. 대담한 사람들은 이렇게 한다. 실패의 고통은 순간이지만 후회에 따르는 고통은 전혀 그렇지 않다.

거절이 후회보다 낫다

나는 내 '습관과 노력' 팟캐스트에 손님으로 온 저명한 전문가, 저자, 유명인 리스트를 아주 자랑스럽게 여긴다. 이들은 코미디언이자 텔레비전 진행자인 첼시 핸들러(Chelsea Handler)부터 평단의 찬사를 받은 저자 로버트 그린(Robert Greene)까지 다양하다. 하지만 내 쇼에 꼭 초대하고 싶은 사람이 몇 명 있는데 그중에서도 제일 위에는 배우이자 제작자이자 기업가인 마크 월버그(Mark Wahlberg)가 있다.

마크 월버그는 습관과 노력의 화신이다. 그는 규율의 제왕으로 새벽 2시 30분에 일어나서 운동하는 것으로 알려져 있다. 나머지 시간은 15분 단위로 배분해 하루 종일, 그리고 매일 집중력을 유지한다. 그리고 촬영하는 영화의 역할이나 사업에 따라서 습관과 식단, 일과의 강도를 조정한다. 그가 가장 좋아하는 조언은? "헛소리 닥쳐"다. 과연 대담한 사람이 할 만한 말이다.

그의 마음가짐과 방법을 물어보고 어떻게 지금처럼 살 수 있는지 알 기회가 오면 정말 좋을 것이다. 새벽 2시 30분에 일어나야 함께 운동할 수 있다면 기꺼이 그렇게 할 것이다. 지금까지 대담함의 힘을 이야기했으니 만일 식당에서 마크 월버그가 다섯 발 떨어진 식탁에 앉아 있는 걸 발견한다면 당연히 그쪽으로 가서 '안녕하세요, 마크. 저는 제니퍼 코언이라고 하는데요……어쩌고저쩌고…… 제 팟캐스트에 게스트로 나와주시겠어요?'라고 물어봤을 거라고들 생각할 것이다.

하지만 어느 날 저녁 바로 그런 상황이 펼쳐졌을 때 나는 대담하게 움직이기는커녕 조금도 움직이지 않았다. 그저 스스로에 대한 의심으로 가득 찬 채 자리에 앉아서 줄기차게 변명을 만들어냈다(두뇌가 또 길을 막아버렸다). 처음에는 너무 부끄러워서 말을 못 할 것 같았고, 다음에는 나처럼 쿨한 사람이 왜 식당에서 저녁을 먹는 유명인을 귀찮게 하겠냐고 생각했다(무례한 LA 사람들이나 하는 짓이지). 마크에게 내 방송에 나와달라고 말하지 못할 이유는 차고 넘쳤다.

내가 마크 월버그를 얼마나 '사랑하는지' 잘 아는 남편은 왜 가보지 않냐며 나를 채근했다. 같이 식사하던 친구들도 응원했다. 심지어 마크가 내 눈을 똑바로 바라보고 나도 그를 마주 보는 순간까지 있었는데…… 나는 순식간에 시선을 돌려버렸다. 그저 아무것도 하지 않았다. 그냥 거기 얼어붙은 채 앉아서 생각했다. '제니퍼, 도대체 뭐 하고 있어? 이건 네 기회였어! 마크가 널 똑바로 바라봤잖아!'

나는 나와 긍정적인 대화를 시도했다. '제니퍼, 할 수 있어. 꿈에 그리던 순간이잖아. 가서 네 소개를 하고 팟캐스트에 나와달라고 부탁해. 물론 승낙할 확률은 50퍼센트밖에 안 되지. 그래, 1퍼센트밖에 안 될 수도 있어. 하지만 물어보지 않으면 그마저도 0퍼센트야!'

부정적인 대화가 마이크를 뺏었다. '싫다고 하면 어떡할 거야? 비웃으면 어떡할 거야? 얼마나 창피하겠어. 한마디도 하지 않고 그냥 평화롭게 밥 좀 먹으려는 할리우드 스타를 귀찮게 한다고 기분 나쁜 표정으로 바라보기만 하면 어떡해?'

나는 45분 동안 '예스'와 '노' 사이를 오락가락하다가(변연계 마찰!) 꿈에 그리던 게스트가 일어나서 식당을 나가는 모습을 지켜봤다. 심장이 푹 꺼지는 것 같았다. 즉시 뼛속까지 후회스러웠다. 지금도 이 생각만 하면 발을 구르게 되는데, 몇 년 전이나 몇 달 전에 일어난 일이 아니라 몇 주 전 이 책을 쓰는 동안 일어난 일이기 때문이다. 나는 마크를 내 팟캐스트 방송에 초대해 내가 정말 존경하는 사람에게 많은 걸 배울 기회를 놓치기만 한 게 아니라 독자들에게 대담하게 원하는 것을 요구하는 생생한 예를 제공할 기회마저 놓쳐버렸다. 지금까지 이야기한 모든 규칙을 어기고 내가 직접 이야기한 조언을 무시했다. 하지만 손해만 본 것은 아닐 수도 있다. 내가 힘들게 배운 몇 가지를 들려줄 수 있기 때문이다.

우선 가장 중요한 점은 이것이다. 언제나 거절이 후회보다 낫다. 마크 월버그에게 '습관과 노력'에 나와달라고 말했다면 거절당했을 가능성이 있다. 저녁 식사를 방해받았다는 생각에 내 말을 듣지 않으려고 했을 수도 있고 그냥 흥미를 느끼지 않았을 수도 있다. 그럼 조금 창피했을 거고 실망도 컸겠지만 괜찮아졌을 것이다. 후회의 고통보다는 거절의 따끔함을 더 빨리 극복했을 것이다. 보통은 후회가 극복하기 훨씬 어렵다. 또 거절은 방향을 재설정하게 도와주기도 한다. 하나를 얻지 못하면 다른 것을 얻을 수 있고 이것이 더 좋을 때가 많다. 하지만 시도하지 않으면 아무것도 얻지 못하고 끝난다.

두 번째 교훈은 내가 앞으로 나아갈 수 있도록 수없이 도와준 질문, '최악의 상황이 뭘까?'를 잊어버렸다는 것이다. 나는 초보자나 할 법한 실수를 저질렀다. 절대 그 질문을 잊지 말기를! 이 질문의 답이 항상 대담한 행동을 불러올 것이다. 물론 위험부담이 클수록 실패할 확률도 높다. 하지만 전설적인 하키 선수 웨인 그레츠키(Wayne Gretzky)가 말했듯이, "던지지 않으면 실패할 확률은 100퍼센트다."

그리고 끝으로 그날 밤 한 가지 더 깨달은 게 있다. 나이와 시간 앞에서 대담함이 무뎌질 수 있다는 것이다. 나는 아직 이 점에 익숙해지는 중이지만 중요한 사실이 있다. 열아홉 살이던 나는 키아누 리브스의 어깨를 두드리고 데모 테이프에 나와달라고 부탁하는 데 거리낌이 없었다. 몇십 년이 지나 자신의 힘으로 어느 정도 성공한 40대 여성이 된 나는 마크 월버그의 팔에 손을 댈 용기를 내지 못했다. 자기 의심이 나를 덮치고 정보 과잉으로 분석이 불가능해지면서 움직일 수 없었다. 어리고 순진할 때는 충동에 따라 움직이는 게 훨씬 쉬웠는데 나이가 들자 어려워졌다. 많은 사람이 나이로 자신을 규정하는데 그럴 때야말로 나이와 경험이 방해 요소가 되지 않게 순진함의 힘을 이용해야 한다.

원하는 것을 좇다보면 많은 게 두려워지지만 거절은 두려워하지 말자. 언제든 다시 시도할 수 있으니까. 두려워할 것은 후회다. 어떤 일이 있었을지 알 수 없으니까 말이다. 다시 전화해보지 않은 사람…… 무시한 문자…… 추구하지 않은 사업이나 진로 기회…… 당신은 게으르지 않았다. 그저 다시 시도하고 실패하는 게 무서웠던 것이다. 이제 그러지 마라.

그날 저녁 식사 이후 나는 월버그의 최신 영화 「언차티드(Uncharted)」가 곧 개봉한다는 걸 알게 됐다. 예고편을 보다가 의자에서 떨어질 뻔했다. 영화 홍보 문구가 "행운은 대담한 사람을 좋아한다"였던 것이다. 마크, 난 포기하지 않을 거예요.

인생은 운동이다, 그러니 잘해보자

앞서 대담함이 누구나 배울 수 있는 기술이라고 말했다. 하지만 꾸준하게 연습해야 하는 기술이기도 하다. 탄탄한 몸을 유지하고 싶다면 목표를 이뤘다고 운동을 그만두고 몸을 돌보지 않으면 안 된다. 시간이 가도 체력을 유지하고 또 그 수준을 넘어서기 위해서는 더 열심히 운동해야 한다. 그러지 않으면 몸은 원래 있던 자리로 돌아가 버린다. 그 과정에서 때로는 근육을 쉬게 해야 한다. 새로운 기구가 필요하거나 운동의 종류를 바꿔야 할 수도 있다. 하지만 목표는 바뀌지 않는다. 계획을 변경할 뿐이다.

웨이트트레이닝에는 "근육을 키우는 가장 좋은 방법은 지칠 때까지, 그러니까 근육이 실패할 때까지 운동하는 것"이라는 말이 있다. 한계가 느껴질 때까지, 다시는 못 할 때까지 동작을 반복하고 나면 다음에 무거운 걸 들어 올릴 때 더 강해진다. 원하는 것을 요구했는데 얻지 못했을 때도 비슷한 일이 일어난다. 반복할 때마다, 요구할 때마다, 간절하게 원하는 목표를 좇을 기회를 얻을 때마다 강해진다.

그리고 당신에게 약속한다. 당신의 인생은 더 크고 더 멋지고 더 대담해질 것이다.

BIG
BAT

참고문헌

1 Bandura, A. (2010). "Self-Efficacy." In The Corsini Encyclopedia of Psychology (eds I.B. Weiner and W.E. Craighead). https://doi.org/10.1002/9780470479216.corpsy0836

2 White, R.E., Prager, E.O., Schaefer, C., Kross, E., Duckworth, A.L. and Carlson, S.M. (2017), "The 'Batman Effect': Improving Perseverance in Young Children." Child Dev, 88: 1563-1571. https://doi.org/10.1111/cdev.12695 https://www.bbc.com/worklife/article/20200817-the-batman-effect-how-having-an-alter-ego-empowers-you

3 Saint Louis University Medical Center. "Fight your fears: Facing down anxieties can expand your world." ScienceDaily. www.sciencedaily.com/releases/2016/01/160129171328.htm (accessed March 15, 2022).

4 Jeffrey S. Nevid, Ph.D., ABPP, "Is Your Brain on Automatic Pilot?" Psychtoday.com, 2018 https://www.psychologytoday.com/us/blog/the-minute-therapist/201803/is-your-brain-automatic-pilot

5 Huberman Lab podcast, "The Science of Gratitude and How to Build a Gratitude Practice," https://hubermanlab.com/the-science-of-gratitude-and-how-to-build-a-gratitude-practice

6 Kiken, L. G., & Shook, N. J. (2014). "Does mindfulness attenuate thoughts emphasizing negativity, but not positivity?" Journal of research in personality, 53, 22.30. https://doi.org/10.1016/j.jrp.2014.08.002

7   Singh, Y., Goel, A., Kathrotia, R., & Patil, P. M. (2014). "Role of yoga and meditation in the context of dysfunctional self: a hypothetico-integrative approach." Advances in mind-body medicine, 28(3), 22.25.

8   Jiang, H., White, M.P., Greicius, M.D., Waelde, L.C., & Spiegel, D. (2017). "Brain activity and functional connectivity associated with hypnosis." Cerebral cortex, 27 (8), 4083-5093. Decision-making.

9   Jim Sollisch, "The Cure for Decision Fatigue," The Wall Street Journal, June 10, 2016 https://www.wsj.com/articles/the-cure-for-decision-fatigue-1465596928

10 Steimer, A., & Mata, A. (2016). "Motivated Implicit Theories of Personality: My Weaknesses Will Go Away, but My Strengths Are Here to Stay." Personality & social psychology bulletin, 42(4), 415.429. https://doi.org/10.1177/0146167216629437

11 "Employees Who Use Their Strengths Outperform Those Who Don't." Gallup, October 2015 https://www.gallup.com/workplace/26561/employees-strengths-outperform-don.aspx

옮긴이 이초희
고려대학교 철학과를 졸업하고 출판사에서 근무했다. 글밥 아카데미에서 출판 번역
가 과정을 이수한 뒤 바른번역 소속 번역가로 활발하게 활동하고 있다. 옮긴 책으로는
『세상에서 가장 이상한 비밀』, 『천 개의 우주』, 『소울 서핑』, 『디 앰비션』, 『카인드니스』,
『그 많던 나비는 어디로 갔을까』, 『비정상체중』 등이 있다.

빅 뱃 BIG BAT

초판 1쇄 발행 2025년 2월 3일

지은이 제니퍼 코언
옮긴이 이초희
펴낸이 김선준, 김동환

편집이사 서선행
책임편집 송병규 **편집4팀** 이은애
표지 디자인 엄재선 **본문 디자인** 김예은
마케팅팀 권두리, 이진규, 신동빈
홍보팀 조아란, 장태수, 조문정, 이은정, 권희, 유준상, 박미정, 이건희, 박지훈, 송수연
경영관리 송현주, 권송이, 윤이경, 정수연

펴낸곳 페이지2북스
출판등록 2019년 4월 25일 제2019-000129호
주소 서울시 영등포구 여의대로 108 파크원타워1 28층
전화 070)4203-7755 **팩스** 070)4170-4865
이메일 page2books@naver.com
종이 ㈜월드페이퍼 **출력·인쇄·후가공·제본** 한영문화사

ISBN 979-11-6985-122-0 (03190)